EDITION Leidfaden
Hrsg. von Monika Müller

Die Buchreihe *Edition Leidfaden* ist Teil des Programmschwerpunkts »Trauerbegleitung« bei Vandenhoeck & Ruprecht, in dessen Zentrum seit 2012 die Zeitschrift »Leidfaden – Fachmagazin für Krisen, Leid, Trauer« steht. Die Edition bietet Grundlagen zu wichtigen Einzelthemen und Fragestellungen im (semi-)professionellen Umgang mit Trauernden.

Heidi Müller/Hildegard Willmann

Trauerforschung: Basis für praktisches Handeln

Unter Mitarbeit von Miriam Sitter

Mit einer Abbildung und 2 Tabellen

Vandenhoeck & Ruprecht

Bibliografische Information der Deutschen Nationalbibliothek:
Die Deutsche Nationalbibliothek verzeichnet diese Publikation in der
Deutschen Nationalbibliografie; detaillierte bibliografische Daten sind
im Internet über https://dnb.de abrufbar.

© 2020, Vandenhoeck & Ruprecht GmbH & Co. KG,
Theaterstraße 13, D-37073 Göttingen
Alle Rechte vorbehalten. Das Werk und seine Teile sind urheberrechtlich
geschützt. Jede Verwertung in anderen als den gesetzlich zugelassenen Fällen
bedarf der vorherigen schriftlichen Einwilligung des Verlages.

Umschlagabbildung: Lia Metzger

Satz: SchwabScantechnik, Göttingen
Druck und Bindung: ⊕ Hubert & Co. BuchPartner, Göttingen
Printed in the EU

Vandenhoeck & Ruprecht Verlage | www.vandenhoeck-ruprecht-verlage.com

ISSN 2198-2856
ISBN 978-3-525-45916-4

Inhalt

Vorwort 9

1 Einführung 11
1.1 Die Situation in Deutschland 14
1.2 Die Themen 15
1.3 Literatur 18

2 Gestärkt aus Krisen hervorgehen: Persönliche Reifung 21
2.1 Ein Thema – viele Bezeichnungen 22
2.2 Persönliche Reifung: Was lässt sich darunter verstehen? 24
2.3 Faktoren, die die persönliche Reifung beeinflussen 25
2.4 Fünf Bereiche persönlicher Reifung 27
2.5 Persönliche Reifung: Häufig eine Frage des Sinns 30
2.6 Einordnung des Erlebens von persönlicher Reifung 34
2.7 Wichtig für Betroffene, das soziale Umfeld und Fachkräfte 39
2.8 Auf einen Blick 41
2.9 Literatur 42

3 Trauer oder Depression? 45
3.1 Wann liegt eine Depression vor? 46
3.2 Was unterscheidet Trauer und Depression? 50
3.3 Zwischen Depression und Trauer: Deprimiertheit 60
3.4 Wichtig für Betroffene 62
3.5 Wichtig für Fachkräfte 63
3.6 Auf einen Blick 64
3.7 Literatur 64

4 Komplizierte Trauer ist kompliziert 67
4.1 Begriffsfindung 69
4.2 Komplizierte Trauer – Definitionsversuch 70
4.3 Zur Unterscheidung von »normaler« und Komplizierter Trauer 71

4.4 Trauer im DSM-5 und in der ICD-11 74
4.5 Prävalenz 80
4.6 Risikofaktoren 81
4.7 Komplizierte Trauer aus soziologischer Perspektive 85
4.8 Auf einen Blick 92
4.9 Literatur 93

5 Wenn Kinder trauern – Elternschaft in sorgenvollen Zeiten 99
5.1 Der Einfluss der Familiendynamik auf die Trauer von Kindern
und umgekehrt 101
5.2 Es gibt Risiko- und immer auch Schutzfaktoren 108
5.3 Den Eltern helfen, sich angemessen um sich selbst zu kümmern 113
5.4 Exkurs: Wann trauert ein Kind »kompliziert«? 118
5.5 Was können Fachkräfte Eltern für den Umgang mit trauernden
Kindern mitgeben? 120
5.6 Auf einen Blick 121
5.7 Literatur 122

Danksagungen 125

Für Eckhard und Miguel Ángel (H. M.)
Für Josef (H. W.)
Für Irmhild (M. S.)

They are still with us!

Vorwort

Viele meiner Kolleginnen und Kollegen im Bereich der nationalen wie auch internationalen Trauerforschung sind durch eigene Verluste auf das Thema Trauer aufmerksam geworden. Ich denke, ihnen geht es wie vielen Praktikern auch. Für sie ist es eine Herzensangelegenheit, Betroffene zu unterstützen. Ich beschäftige mich inzwischen seit vielen Jahren mit dem Thema Trauer, sowohl in der psychotherapeutischen Arbeit mit Patienten als auch im wissenschaftlichen Kontext.

Seit fast zehn Jahren bin ich im wissenschaftlichen Beirat des Bundesverbandes Verwaiste Eltern und trauernde Geschwister und durch diese Aufgabe wurde mir immer wieder deutlich, wie schwierig der Verlust eines Kindes oder eines Geschwisterteils sein kann und wie langwierig der Trauerprozess oftmals ist. Betroffene brauchen viel Zeit und Geduld, aber auch die Gesellschaft braucht diese Geduld im Umgang mit ihnen.

Doch das ist nicht das Einzige. Die wissenschaftlichen Ergebnisse zeigen, dass es insbesondere in der Arbeit mit Trauernden mehr bedarf, als ein empathisches »offenes« Ohr zu haben. Eine sorgfältige Diagnostik und Therapieplanung mit trauerspezifischen Therapiemodulen ist ein Muss. In dem Zusammenhang ist mir auch die Verbindung von Wissenschaft und Praxis ein wichtiges Anliegen. Denn es ist von besonderer Bedeutung, diejenigen zu identifizieren, die tatsächlich von einer Trauerintervention profitieren. Eine gestufte Versorgung, wie sie international aktuell diskutiert wird, wäre auch in Deutschland wünschenswert. So reicht vielen Betroffenen die Unterstützung von Familie und Freunden aus. Personen mit einem höheren Risiko könnten hingegen von einer professionellen Trauerbegleitung/-beratung profitieren. Betroffene, bei denen sich Symptome einer trauerspezifischen Störung zeigen, sind hingegen auf spezifische Therapieangebote angewiesen.

Leider findet auch heutzutage der Austausch der Wissenschaftler und der Praktiker in Form von Fachtagungen und Weiterqualifikationen getrennt voneinander statt. Von gemeinsamen Tagungen und Workshops könnten meiner Ansicht nach beide Seiten erheblich profitieren. Umso erfreulicher ist es zu sehen, dass in der Weiterbildung zum Trauerbegleiter oder -berater wesentlich häufiger Erkenntnisse aus der Wissenschaft und aus Studien vermittelt werden. Projekte wie das Newsletter-Projekt »Trauerforschung im Fokus« oder Bücher wie das hier vorliegende haben großen Anteil daran. Denn obwohl der Prozess des Wissenstransfers ebenso langsam verläuft wie viele Trauerprozesse, ist diese Entwicklung wünschenswert. Denn nur dadurch steht unser Handeln auf einer gesicherten Grundlage. Und davon profitieren am Ende diejenigen, um die es uns allen gemeinsam geht, die Betroffenen.

Prof. Dr. Birgit Wagner, Medical School Berlin

1 Einführung

Im November 2019 durfte ich (Heidi Müller) zwei Aufsätze einer Schülerin der fünften Klasse lesen. Geschrieben wurden sie im Schulfach Ethik. Die Klasse setzte sich zu dem Zeitpunkt mit dem Thema Ehrlichkeit auseinander. Die Aufgabe des Lehrers lautete, eine Geschichte aus einer ganz anderen Welt zu erzählen, in der Ehrlichkeit oder auch Lügen eine zentrale Rolle spielen.

Die Schülerin berichtete in ihrem ersten Aufsatz von einem Mädchen namens Lisa, das zehn Jahre alt ist. Lisa lebt in einer Welt, in der alle erkennen können, wenn jemand lügt, denn der Lügner läuft automatisch rot an. Wenn Lisa also mal etwas anstellt und dabei erwischt wird, muss sie die Wahrheit sagen. Leugnen bringt ihr gar nichts, denn sie würde ja rot werden. Auch wenn Lisa es nicht gut findet, immer die Wahrheit sagen zu müssen, so erkennt sie positiv an, dass es in ihrer Welt keine Verbrechen gibt, denn die Täter würden sofort erwischt werden. Sie würde aber trotzdem gern in einer anderen Welt leben, denn ihre eigene findet sie extrem langweilig, weil nie etwas passiert.

Ob Lisa in der »Lügenwelt« leben wollte, darüber schreibt die Schülerin nichts. Doch in ihrem zweiten Aufsatz erzählt sie von Tom, auch zehn Jahre alt, der darin lebt. In dieser Welt lügt jeder Mensch, wenn es ihm nützt. Tom selbst hat auch schon oft gelogen. Zum Beispiel hat er seiner Mutter gesagt, dass sie Süßigkeiten kaufen müsse, weil sie keine mehr zu Hause hätten. Das war eine Lüge. Aber Tom wollte unbedingt neue Süßigkeiten haben. Obwohl ihm diese Lüge genützt hat, würde auch er gern in einer anderen Welt leben. Denn in der Lügenwelt hat niemand Freunde. Es gibt auch keine Gemeinschaft mehr, weil keiner dem anderen vertraut. Das findet Tom schlimm, er fühlt sich sehr einsam.

Nachdem ich die Aufsätze gelesen hatte, fragte ich die Schülerin: »In welcher Welt würdest du leben wollen?« Sie antwortete, dass sie in keiner der beiden Welten leben wolle. »Jeder Mensch braucht Freunde«, erklärte sie, »und eine Lüge ist auch mal ganz hilfreich, denn die Wahrheit kann andere ja auch verletzen.« Dann lachte sie, schüttelte den Kopf und belehrte mich: »Heidi, so einfach ist das alles nicht. Es gibt nicht nur schwarz und weiß.«

Zwei Seiten einer Medaille: Die Belehrung der Schülerin fand ich sehr beeindruckend. Insbesondere, da sie in eine Zeit fällt, in der leider allzu häufig dichotom gedacht wird, also in vielen Bereichen der Gesellschaft vereinfachende Einteilungen in like-dislike, krank–gesund, Gewinner–Verlierer, eben schwarz und weiß vorgenommen werden. Dieser Trend macht auch vor dem Tätigkeitsbereich »Trauer«[1] nicht Halt.

Ich erinnere mich noch gut an ein Meeting, an dem ich vor einiger Zeit teilnahm. Nachdem ich mich vorgestellt hatte, wurde ausdrücklich begrüßt, dass ich nicht nur als Wissenschaftlerin, sondern auch als Trauerberaterin[2] tätig sei. Denn es gebe so

---

1 In Anlehnung an Wittkowski (2010) verstehen wir in diesem Buch unter dem Begriff »Trauer« den Anpassungsprozess der Hinterbliebenen an die neue, veränderte Lebenssituation ohne die verstorbene Person – wohl wissend, dass Menschen auch Verluste erleiden können, die nicht im Zusammenhang mit dem Tod stehen (Harris, 2020).
2 Wir verwenden aus Gründen der Lesbarkeit die Begriffe »Trauerberater« und »Trauerbegleiter« synonym, obwohl uns bewusst ist, dass es inhaltliche Unterschiede gibt. Doch diese Unterscheidung ist für den Text von nachrangiger Bedeutung.
Die Begriffe »Trauertherapeut« und »Trauertherapie« verwenden wir nicht, da sie irreführende Vorstellungen hervorrufen können. Sie sugge-

viele Wissenschaftler[3] im Bereich der Trauerforschung, die keine praktische Erfahrung hätten.

Ob diese Behauptung so richtig ist, vermag ich nicht zu beurteilen. Ich persönlich kenne sehr viele Wissenschaftler mit Praxiserfahrung. Doch wie es sich insgesamt gesehen verhält, ist mir nicht bekannt. Allerdings habe ich mir mit einem Schmunzeln damals verkniffen zu fragen, wer der vielen Praktiker[4] im Raum eigentlich Erfahrung in der Wissenschaft hat oder zumindest ein Interesse daran. Denn konsequenterweise ist es ja nicht nur wünschenswert, dass Wissenschaftler praktische Erfahrung, sondern auch Praktiker zumindest wissenschaftliches Interesse mitbringen.

Forschung und Praxis werden allzu oft als gegensätzliches Paar gesehen. Eine solche Betrachtungsweise ließe sich auch als vereinfachendes Schwarz-Weiß-Denken bezeichnen. Dabei stellen Erfahrungswissen und wissenschaftliche Erkenntnisse vielmehr zwei Seiten einer Medaille dar, die sich ergänzen. So können etwa Beispiele aus der Praxis in wunderbarer Weise abs-

---

rieren eine Form von Qualifizierung, die an jene eines psychologischen Psychotherapeuten erinnern mag, doch so nicht gegeben ist. Da es sich bei allen Begriffen (Trauerberater, Trauerbegleiter, Trauertherapeut) in Deutschland gleichermaßen um ungeschützte Bezeichnungen handelt, denen keine Qualitätsmerkmale zugewiesen sind, sehen wir keinen Sinn darin, diese Unterscheidung zu treffen und eine irreführende Vorstellung zu fördern. Des Weiteren halten wir es für wichtig, dass die Betroffenen, die etwa unter Depressionen, Angststörungen, einer Posttraumatischen Belastungsstörung oder auch einer Prolonged Grief Disorder (mehr dazu in Kapitel 4) leiden, nur von ärztlichen oder psychologischen Psychotherapeuten behandelt werden.

3 Wir verwenden, wenn nicht ausdrücklich anders benannt, aus Gründen der Lesbarkeit nur die männliche Form der Bezeichnung. Sprechen wir von einer gemischtgeschlechtlichen Gruppe dient auch nur das Maskulinum als Basis für den Plural.

4 Wir verwenden den Begriff »Praktiker« alternativ zu dem Begriff »Fachkraft«. Unter einer Fachkraft verstehen wir alle Berufsgruppen, die Umgang mit Menschen haben, die einen Verlust erlitten haben.

trakte Ideen anschaulich machen. Umgekehrt ermöglicht die Forschung erst ein tiefgehendes und umfängliches Verständnis. Das wusste auch schon Kant, als er schrieb: »Gedanken ohne Inhalt sind leer, Anschauungen ohne Begriffe sind blind« (Kant, 1996, S. 98).

1.1 Die Situation in Deutschland

Die Deutsche Nationalbibliothek erhebt für sich den Anspruch, unter anderem alle Bücher lückenlos vorliegen zu haben, die seit 1913 in deutscher Sprache erschienen sind. Die Einrichtung dient quasi als nationales Gedächtnis (Deutsche Nationalbibliothek, 2019). Ein Blick in die dort vorhandene deutschsprachige Trauerliteratur zeigt, dass sich unter den mehr als 6.700 Literaturangaben[5] kaum ernstzunehmende Fachbücher befinden, sondern vielmehr (auto-)biografische Werke, Ratgeber und populärwissenschaftliche Abhandlungen, die selten den Ansprüchen einer wissenschaftlichen Arbeit genügen. Zudem findet in Deutschland kaum systematische und langfristige Trauerforschung statt (Wittkowski, 2013). Eine Untersuchung aktueller Lehrbücher für Studierende des Fachbereichs Medizin und Psychologie legt zudem nahe, dass der Wissensstand in den Büchern stark veraltet ist (Corr, 2019). Dies lässt den Schluss zu, dass der Trauerdiskurs wenig aktuelle Erkenntnisse beinhaltet und überwiegend durch Erfahrungswissen geprägt ist. Der bereichernde Forschungsanteil fehlt. Diese Schieflage hat weitreichende Folgen, vor allem für die Allgemeinbevölkerung.

So sind es überwiegend Fachkräfte, die Spezialwissen in den allgemeinen Diskurs einbringen (z. B. über Seminare, Interviews) und damit großen Einfluss darauf haben, über welchen

---

5 Stand Dezember 2019, gesucht wurde nach dem Stichwort »Trauer«.

Wissensstand eine Gesellschaft verfügt (Walter, 1999). Verfügen die Fachkräfte aber nur über unzureichende Kenntnisse, dann kommt es immer wieder zu vereinfachenden und verkürzten Darstellungen und Annahmen, die aber der komplexen Situation der Betroffenen kaum gerecht werden und wenig hilfreich sind.

Im Sinne der Betroffenen bleibt zu hoffen, dass sich diese Gesamtsituation zukünftig ändern wird. Dass dies schnell geschieht, ist kaum zu erwarten. Aus diesem Grund ist es umso wichtiger, dass sich Fachkräfte mit den Erkenntnissen der internationalen Trauerforschung vertraut machen. Möglich ist das über Fachzeitschriften wie »Death Studies«, »OMEGA – Journal of Death and Dying«, »Mortality« oder auch Bücher wie das hier vorliegende und Projekte wie den Newsletter »Trauerforschung im Fokus«[6]. Fachkräfte tun gut daran, sich ihrer gesellschaftlichen Verantwortung bewusst zu werden und auch ganz konkret trauerspezifische Forschung einzufordern. Erfreulich ist derzeit, dass sich diese Erkenntnis bei vielen Fachkräften immer stärker durchzusetzen scheint und die Neugierde in Richtung Trauerforschung zunimmt.

1.2 Die Themen

Es gibt zahlreiche trauerspezifische Themen, die es wert sind, in einem Buch erläutert zu werden, vor allem, wenn es wie in dieser Publikation darum geht, Praxis und Forschung zusammenzubringen. Wir haben uns für die folgenden vier Themen entschieden, weil Fachkräfte immer wieder damit konfrontiert werden und sie somit hohe praktische Relevanz haben.

In Krisensituationen geraten häufig die negativen Folgen in den Fokus von Praxis und Forschung. Doch einige Betrof-

---

6 Kostenfrei beziehbar unter www.trauerforschung.de.

fene können für sich auch langanhaltende positive Einsichten gewinnen. Diese positiven Veränderungen werden unter dem Stichwort »Posttraumtisches Wachstum« zusammengefasst oder, wie wir es nennen, »Persönliche Reifung infolge einer Verlusterfahrung«. Dieses Thema betrachten wir im zweiten Kapitel unseres Buches. Dabei ist es uns vor allem ein Anliegen, deutlich zu machen, dass Betroffene unter Voraussetzung gewisser Umstände eine derartige Erfahrung machen können, diese Erfahrung aber nicht automatisch eintreten muss. Keinesfalls eignet sich die Idee posttraumatischen Wachstums als Ziel von verlustspezifischen Verarbeitungsprozessen.

Im dritten Kapitel geht es um die Frage, wie Trauer und Depression voneinander unterschieden werden können. Auf den ersten Blick scheinen beide Phänomene zum Verwechseln ähnlich zu sein. Doch ein genauerer Blick macht eine Differenzierung möglich. Eine sorgfältige Unterscheidung von Trauer und Depression ist in vielfacher Hinsicht sehr bedeutsam. Denn eine irrtümlich gestellte Diagnose kann gravierende Folgen für Betroffene haben. Sind Hinterbliebene fälschlicherweise mit der Diagnose »Depression« konfrontiert, kann das etwa zur Einnahme von Psychopharmaka mit fraglicher Wirkung und entsprechenden Nebenwirkungen führen. Auch kann die Fehldiagnose Reaktionsweisen bei den Betroffenen hervorrufen, die paradoxerweise die Entwicklung einer Depression fördern. Doch auch Trauernde, die nach einem Verlust an einer Depression erkranken, müssen sichergehen können, dass sie nicht als »Normal«-Trauernde eingestuft werden. Denn Studien zeigen, dass depressive Störungen eine starke Tendenz zur Chronifizierung entwickeln können.

Offensichtlich hinterlässt jede durchlebte depressive Episode tiefe Spuren im menschlichen System, die dazu führen, dass mit jeder durchlittenen depressiven Episode ein erneutes Erkranken wahrscheinlicher wird (Deutsche Gesellschaft für Psychiatrie,

Psychotherapie und Nervenheilkunde [DGPPN] et al., 2015; Wittchen, Jacobi, Klose u. Ryl, 2010). Frühe und angemessene Hilfe scheint vor diesem Hintergrund besonders bedeutsam zu sein und damit einhergehend auch eine zuverlässige Differenzierung zwischen Trauer und Depression.

Kapitel vier handelt von »Komplizierter Trauer«. Aktuell ist diese eines der zentralen Themen, die sowohl von Wissenschaftlern als auch Praktikern diskutiert werden. Auffällig ist dabei jedoch die einseitige Betrachtungsweise. So steht immer wieder die medizinisch-psychologische Perspektive und damit vor allem die Grenzziehung zwischen »normal« und »störungswertig« im Vordergrund, mit fraglichen Auswirkungen.

Grundlegend stellt sich die Frage, ob es ausreicht, klinisch auffällige Trauerverläufe als überwiegend individuelles, innerpsychisches Problem zu betrachten. Wir stellen zu Beginn des Kapitels zentrale Inhalte und aktuelle Entwicklungen aus medizinisch-psychologischer Perspektive vor. Anschließend laden wir Praktiker dazu ein, Komplizierte Trauer aus soziologischer Perspektive zu betrachten und damit die Grundlagen beziehungsweise Grundannahmen ihrer Tätigkeit zu überdenken und gegebenenfalls Änderungen vorzunehmen.

Verluste betreffen alle Altersgruppen. Doch wenn Kinder betroffen sind, stellt dies häufig eine Herausforderung für Eltern und andere erwachsene Bezugspersonen dar. Viele fühlen sich in dieser Situation hilflos und überfordert. Eine häufig zu beobachtende Reaktion ist ihr Versuch, die Kinder vor den Themen Sterben, Tod und Trauer zu schützen, indem sie möglichst wenig Berührung damit zulassen. Nichtsdestotrotz sind Kinder von Verlusten betroffen. So erleben in den westlichen Industrienationen etwa 3 bis 4 Prozent aller Kinder den Verlust eines Elternteils (Guldin et al., 2015). Da Annahmen zufolge 20 Prozent der Kinder ein bis zwei Jahre nach dem Verlust gesundheitliche Probleme zeigen (Cipriano u. Cipriano, 2019), sind die Sorgen der hinterbliebenen Elternteile entsprechend groß. Nicht zuletzt aus diesem Grund haben sich auch in Deutschland Fachkräfte darauf spezialisiert, Familien in Verlustsituationen zu unterstützen.

Auffällig ist dabei, dass gezielte Angebote für hinterbliebene Elternteile beziehungsweise erwachsene Bezugspersonen oftmals fehlen. Meist richten sich die Hilfsangebote ausschließlich an die Kinder. In der deutschsprachigen Literatur ist diese einseitige Priorisierung ebenfalls zu beobachten. Das ist erstaunlich, denn Studien weisen darauf hin, dass der Unterstützung der Eltern Priorität einzuräumen ist. Aus diesem Grund widmen wir uns im abschließenden fünften Kapitel dem Thema »Elternschaft in sorgenvollen Zeiten«. Dabei gehen wir insbesondere auf die Wechselwirkungen zwischen hinterbliebenem Elternteil und Kind ein und stellen Ansätze zur gezielten Unterstützung der hinterbliebenen Elternteile beziehungsweise erwachsener Bezugspersonen vor. Denn stabile Erwachsene sind die beste Hilfe für Kinder.

Wir wünschen eine spannende Lektüre!

1.3 Literatur

Cipriano, D. J., Cipriano, M. R. (2019). Factors underlying the relationship between parent and child grief. In OMEGA – Journal of Death and Dying, 80 (1), 120–136.

Corr, C. (2019). Elisabeth Kübler-Ross and the »Five Stages« Model in a sampling of recent textbooks published in ten countries outside the USA. https://doi.org/10.1177/0030222819840476 (Zugriff am 07.04.2020).

Deutsche Gesellschaft für Psychiatrie, Psychotherapie und Nervenheilkunde (DGPPN) et al. (2015). S3-Leitlinie/Nationale VersorgungsLeitlinie Unipolare Depression – Langfassung. https://www.dgppn.de/_Resources/Persistent/d689bf8322a5bf507bcc546eb9d61ca566527f2f/S3-NVL_depression-2aufl-vers5-lang.pdf (Zugriff am 15.01.2020).

Deutsche Nationalbibliothek (2019). Die Deutsche Nationalbibliothek im Porträt. https://www.dnb.de/DE/Ueber-uns/Portraet/portraet_node.html (Zugriff am 13.11.2019).

Guldin, M. B., Li, J., Pedersen, H. S., Obel, C., Agerbo, E., Gissler, M., Cnattinglus, S., Olsen, J., Vestergaard, M. (2015). Incidence of suicide among persons who had a parent who died during their childhood: A populations-based cohort study. In JAMA Psychiatry, 72 (12),1227–1234.
Harris, D. L. (Ed.) (2020). Non-Death Loss. Context and clinical implications. New York, Abingdon (Oxon): Routledge.
Kant, I. (1996). Kritik der reinen Vernunft. In: Kant, I. Werkausgabe in 12 Bänden. Hrsg. von W. Weischedel. Bd. 3. Frankfurt a. M.: Suhrkamp.
Walter, T. (1999). On bereavement: The culture of grief. Buckingham: Open University Press.
Wittchen, H.-U., Jacobi, F., Klose, M., Ryl, L. (2010). Gesundheitsberichterstattung des Bundes. https://www.rki.de/DE/Content/Gesundheitsmonitoring/Gesundheitsberichterstattung/GBEDownloadsT/depression.pdf?__blob=publicationFile (Zugriff am 31.10.2019).
Wittkowski, J. (2010). Trauer – psychologisch. In H. Wittwer, D. Schäfer, A. Frewer (Hrsg.), Sterben und Tod. Ein interdisziplinäres Handbuch (S. 197–202), Stuttgart/Weimar: J. B. Metzler.
Wittkowski, J. (2013). WüTi. Würzburger Trauerinventar. Mehrdimensionale Erfassung des Verlusterlebens. Göttingen: Hogrefe.

2 Gestärkt aus Krisen hervorgehen: Persönliche Reifung

In der Online-Ausgabe des Manager Magazins war folgende Überschrift zu lesen: »Traumata als Treibstoff. Wie Schicksalsschläge Manager stärker machen« (Höhfeld, 2019). Überschriften wie diese machen deutlich, woran leistungsorientierte Gesellschaften in jeder erdenklichen Lebenslage glauben: Wachstum ist unter allen Umständen möglich. So gab der Autor des Artikels den Lesern fünf »Wachstumstipps« mit an die Hand, die ihnen dabei helfen sollten, gestärkt aus einer traumatischen Situation hervorzugehen. Doch ist es so einfach, wie in dem Artikel dargestellt wird?

Stirbt ein Mensch, stellt dies noch lange nicht für alle Hinterbliebenen eine Krisen- oder gar traumatische[7] Situation dar. Die Mehrheit der Betroffenen kommt gut mit dem Verlust zurecht. Doch für einige Menschen bricht mit dem Tod einer Bezugsperson eine Welt zusammen oder sie erleiden tatsächlich ein Trauma. Bei ihnen besteht ein erhöhtes Risiko, gesundheitliche Folgeschäden zu erleiden oder gar selbst zu sterben (Stroebe, Schut u. Stroebe, 2007).

Diese Risikogruppen möglichst frühzeitig zu erkennen und ihnen adäquat zu helfen, ist nicht nur das Ziel von Fachkräften,

---

7 Von einem Trauma als Ursache wird erst dann gesprochen, wenn das Erleben eines Ereignisses kurz- oder langfristig eine bestimmte psychische Reaktionsweise hervorruft. Zu unterscheiden sind Typ-I-Traumata (einmalige traumatische Erfahrungen) und Typ-II-Traumata (sich wiederholende traumatische Erlebnisse) (Maercker, 2017).

sondern auch das vieler Wissenschaftler. Sie beschäftigen sich seit den 1980er Jahren systematisch mit den negativen Folgen, die Verluste mit sich bringen können. Erst in den frühen 1990er Jahren gerieten auch die möglichen positiven Auswirkungen verstärkt in den Blick (Calhoun, Tedeschi, Cann u. Hanks, 2010). Diese stellt das Kapitel unter Einbeziehung der aktuellen Entwicklungen vor und zeigt, dass das Erleben von krisenbedingtem Wachstum durch viele Faktoren beeinflusst wird und ein weit komplexerer Vorgang ist, als allgemein dargestellt wird.

2.1 Ein Thema - viele Bezeichnungen

Die Idee, dass Menschen an Krisen reifen können, ist altbekannt. Sie findet sich ebenso in Aussagen wie beispielsweise »Jedes Unangenehme hat auch sein Gutes« von Dostojewski (zit. nach Leven, 1998) wieder wie auch in Märchen, Mythen und den Weltreligionen. Dabei leitet sich das Wort »Krise« vom griechischen Wort *krisis* ab und bedeutet eigentlich Scheidung, Entscheidung, Trennen (Kluge, 1995). Etwas weiter gefasst hat der Begriff auch in der Psychologie diese Bedeutung. Ulich (1987) sieht in einer psychischen Krise einen belastenden, in seinem Verlauf und in seinen Folgen zeitlich offenen Veränderungsprozess, der die Kontinuität des Erlebens und Handelns unterbricht, in Teilen eine Neuanpassung fordert und mit emotionalem Leid einhergeht. Vor diesem Hintergrund können Verluste von Bezugspersonen ebenso kritische Lebensereignisse darstellen wie beispielsweise auch Naturkatastrophen, Unfälle oder Gewalterfahrungen.[8] Aus entwicklungspsychologischer Sicht

---

8 Da in diesem Buch insbesondere Verlustsituationen durch den Tod im Vordergrund stehen, beziehen wir uns im weiteren Verlauf des Textes nur auf Krisen, die durch das Ableben einer Bezugsperson ausgelöst wurden.

liegt der Betrachtung von Krisen und kritischen Lebensereignissen als Katalysatoren für eine positive Entwicklung der Persönlichkeit die Überzeugung zugrunde, dass Menschen nicht nur als Kinder und Heranwachsende reifen und sich entwickeln, sondern auch erwachsene Menschen Entwicklungsprozesse durchlaufen und Entwicklungsaufgaben bewältigen (Filipp, 2007).

Die Begriffe, mit denen diese positiven Entwicklungen bezeichnet werden, sind dabei sehr verschieden. Park, Cohen und Murch (1996) sprechen etwa von *stress-related growth*[9], Calhoun und Tedeschi (1998) von *posttraumatic growth*[10], Hogan (1987) von *personal growth*[11], um nur einige Ausdrücke zu nennen. Inhaltlich bezeichnen sie ein ähnliches Phänomen. Es geht dabei um mehr, als nur unbeschadet aus einer Krisensituation hervorzugehen und wieder so funktionsfähig zu sein wie vor dem Verlust. Es geht dabei um Menschen, die langanhaltend tiefere Einsichten über sich und das Leben im Allgemeinen und Besonderen gewonnen haben und an der Erfahrung gewachsen sind (Tedeschi u. Calhoun, 2004).

In der deutschsprachigen Fachliteratur hat sich in dem Zusammenhang der Begriff »Posttraumatisches Wachstum« weitgehend durchgesetzt. Synonym dazu verwenden wir den Begriff »Persönliche Reifung«, um deutlich zu machen, dass das Erleben von Wachstum keinen Automatismus darstellt, der eintritt, wenn sich Betroffene nur genug bemühen. Dieser Aspekt wird auch in der Fachliteratur immer wieder betont. Lebensereignisse, negative wie positive, können unter gewissen Voraussetzungen zu persönlicher Reifung führen, müssen es aber nicht (Calhoun et al., 2010). Ebenso wenig bedeutet es, dass das Leiden der Be-

---

9 Übersetzt ins Deutsche etwa: stressbezogenes Wachstum.
10 Übersetzt ins Deutsche etwa: posttraumatisches Wachstum.
11 Übersetzt ins Deutsche etwa: persönliches Wachstum.

troffenen dadurch verringert wird oder persönliches Wachstum Ziel von Bewältigungsprozessen sein sollte.

2.2 Persönliche Reifung: Was lässt sich darunter verstehen?

Der Tod eines geliebten Menschen kann Anstoß zu persönlicher Reifung geben. Doch welche Veränderungen lassen sich als Reifung bewerten? Denn nicht alle positiven Veränderungen, die sich nach einem Verlust einstellen, werden als Reifung gelten können. Wenn sich ein Mann nach dem Tod seiner Ehefrau neu verliebt, ist dies sicherlich eine positive Entwicklung, sagt jedoch nichts darüber aus, ob er persönlich reifer geworden ist.

Um zu beantworten, wodurch sich persönliche Reifung auszeichnet, liegt es nahe, sich zu fragen, wodurch sich Weisheit auszeichnet. Denn Weisheit gilt gemeinhin als höchste Ausprägung menschlicher Reife (Staudinger, 2005).

Bei der Betrachtung von Weisheit kann man zwischen persönlicher und allgemeiner Weisheit unterscheiden (Staudinger u. Dörner, 2007). Während sich persönliche Weisheit in Bezug auf die eigene Person äußert, findet die allgemeine Weisheit auch im Allgemeinen Ausdruck, zum Beispiel wenn man einen Freund in einer Ehekrise berät oder eine politische Stellungnahme abgibt. Da es in diesem Kapitel um persönliche Reifung geht, ist hier entsprechend die persönliche Weisheit besonders interessant.

Aufbauend auf dem Berliner Weisheitsparadigma, welches zunächst auf allgemeine Weisheit ausgerichtet war, haben Staudinger, Smith und Baltes (1994) fünf Kriterien persönlicher Weisheit entwickelt:
- reiches Selbstwissen (z. B. tiefgehende Einsicht in die eigene Person, die eigenen Kompetenzen, Emotionen und Ziele und ein Gefühl der Sinnhaftigkeit),

- Heuristiken für Wachstum und Selbstregulation (z. B. Emotionsregulation, Humor, Aufbau und Aufrechterhaltung von Beziehungen),
- Zusammenhangswissen (z. B. Ursache und Wirkung eigenen Verhaltens reflektieren, sich der Abhängigkeit von anderen Menschen bewusst sein),
- Selbstrelativierung (z. B. sich selbst aus einem distanzierten Blickwinkel sehen, das eigene Verhalten kritisch beleuchten, die eigene Person und andere Menschen akzeptieren können sowie Toleranz für andere, sofern deren Verhalten nicht selbst- oder fremdschädigend ist),
- Ambiguitätstoleranz (d. h., Widersprüchlichkeiten aushalten können, z. B. die Unwägbarkeiten des eigenen Lebens und der eigenen Entwicklung erkennen und damit umgehen).

Verluste können auf dem Weg zur Weisheit eine zentrale Rolle spielen, und zwar nicht nur als Auslöser für Veränderung, sondern als wesentlicher Teil des Entwicklungsprozesses. Denn um Weisheit zu erlangen, muss man sich von vielen Illusionen über sich und die Welt trennen sowie unrealistische Forderungen und Verwirrungen des Egos loslassen (Levenson, Aldwin u. Cupertino, 2001). Veränderungen nach einem Verlust sollten also qualitativ zu einer Annäherung an Weisheit führen, damit man von persönlicher Reifung oder posttraumatischem Wachstum sprechen kann.

2.3 Faktoren, die die persönliche Reifung beeinflussen

Menschen haben Vorstellungen darüber, was sie im Leben erreichen und wie sie selbst werden möchten. Werte, Bedürfnisse, Wünsche und Ziele sind treibende Kräfte, die dem Leben seine Richtung geben. Menschen nehmen also, im Rahmen ihrer realen oder vermuteten Möglichkeiten, bewusst Einfluss auf die Entwicklung ihres Lebens und ihrer Persönlichkeit (Brandtstädter, 2011). Vor dem Hintergrund lässt sich fragen, ob es nicht ausreiche, selbst wachsen zu wollen, damit eben diese Entwicklung auch eintritt.

Direkt nach einem Todesfall stehen viele Betroffene vor zahlreichen emotionalen und praktischen Herausforderungen wie zum Beispiel der Regelung von Erbangelegenheiten. Es ist kaum anzunehmen, dass sie in dieser Zeit über die Motivation verfügen, an der Erfahrung wachsen zu wollen. Und bei dieser Entwicklung handelt es sich ohnehin nicht um einen Prozess, der ausschließlich von persönlichen Eigenschaften und Erfahrungen bestimmt ist. Demografische Faktoren und Umweltfaktoren wirken ebenfalls darauf ein. Auf diese haben Menschen häufig wenig Einfluss. So sind sicherlich Optimismus, Motivation zur Selbstentwicklung oder die Erfahrung förderlich, dass sich Herausforderungen und schwierige Lebenssituationen bewältigen lassen (Baltes, Glück u. Kunzmann, 2002). Doch auch Alter, Geschlecht, Ethnizität, Spiritualität/Religion, Familie, Pflegetätigkeit, Todesumstände, Beziehung zur verstorbenen Person, soziale Unterstützung sind Faktoren, die die Entwicklung persönlichen Wachstums beeinflussen. So zeigten Helgeson, Reynolds und Tomich (2006) in einer Studie, dass eher Frauen als Männer nach einem traumatischen Erlebnis persönliches Wachstum erfahren. Weiterhin beschreiben sie, dass jüngere Menschen diese Entwicklung öfter erleben als Menschen in höherem Alter. Die Wissenschaftler Currier, Holland, Coleman und Neimeyer (2006) konnten diese Ergebnisse nicht bestätigen, kamen jedoch in ihrer Studie zu dem Schluss, dass Menschen, deren Angehörige durch gewaltsame Todesumstände (z. B. Mord, Selbsttötung, Unfall) verstorben sind, seltener an dieser Erfahrung wachsen als Personen, deren Angehörige aufgrund einer Krankheit dahinschieden.

Bis heute sind alle Forschungsergebnisse mit Vorsicht zu behandeln. Denn sie zeigen ein insgesamt unklares Bild und viele Aussagen konnten in vergleichbaren Studien nicht bestätigt werden. Die einzige Ausnahme stellt bisher der Faktor Spiritualität/Religion dar, der sich in mehreren Studien als stabile Einflussgröße erwies. Da aber insgesamt noch viele Fragen offen sind und kaum bekannt ist, wie Verarbeitungs- und Wachstumsprozess miteinander interagieren, lassen die Studien zu den Einflussfaktoren noch keine allgemeingültigen Schlussfolgerungen zu.

Zusammenfassend lässt sich aber festhalten, dass persönliches Wachstum infolge einer Verlustsituation kein Lebensziel darstellt, das nur dem persönlichen »Können« oder »Wollen« unterworfen ist. Im Gegenteil, auf diese Entwicklung nehmen über das persönliche Vermögen hinaus auch zahlreiche andere Faktoren Einfluss.

2.4 Fünf Bereiche persönlicher Reifung

Der Tod eines geliebten Menschen fordert Anpassungsleistungen an ein Leben ohne ihn. Es kann keine Rückkehr geben in eine Welt, wie sie vor dem Verlustereignis war. Die Veränderungen, die ein Verlust mit sich bringt, werden verständlicherweise in vielerlei Hinsicht negativ wahrgenommen. Der Verstorbene wird schmerzlich vermisst, das Leben ohne ihn muss neu geordnet werden. Der Tod zerstört Hoffnungen und Träume. Er lässt Betroffene möglicherweise daran zweifeln, dass das Leben einen Sinn hat und es gut mit ihnen meint. Er erschüttert ihre Identität und ihre grundlegenden Überzeugungen über das Leben und die Welt.

Doch viele Hinterbliebene berichten, dass sie nach dem Tod eines geliebten Menschen positive Veränderungen und Reifungsprozesse an sich wahrnehmen konnten. Studien zeigen, dass dies keine seltene Ausnahme, sondern weit verbreitet ist (Waugh, Kiemle u. Slade, 2018). Sie zeigen zudem recht übereinstimmend, dass posttraumatisches Wachstum überwiegend in fünf Hauptbereichen erlebt wird (Bellet, Jones, Neimeyer u. McNally, 2018; Eisma, Lenferink, Stroebe, Boelen u. Schut, 2019; Tedeschi u. Calhoun, 1996).

a) Veränderte Selbstwahrnehmung

Vielen Menschen, die den Tod einer Bezugsperson erlebt haben, macht diese Erfahrung bewusst, dass auch sie selbst von Verlusten betroffen sein können beziehungsweise auch sie selbst verletzlich und sterblich sind. Betroffene können sich dadurch gestärkter und selbstbewusster fühlen, als es vor dem Erlebnis der Fall war. Eine Frau im Alter von 47 Jahren, die ihren Mann auf tragische Weise verloren und am Trauerzentrum Frankfurt Einzelgespräche in Anspruch genommen hatte, drückte es so aus: »Das Schlimmste, das mir passieren konnte, ist passiert. Was soll jetzt noch kommen? Egal! Was auch immer es ist – ich schaffe das.«

b) Persönliche Beziehungen werden intensiver und herzlicher

Menschen, die den Tod einer Bezugsperson erlebt haben, machen oft die Erfahrung, dass sich ihr soziales Umfeld ändert. Einige Beziehungen zerbrechen an der Situation, doch andere werden intensiver. Das trifft insbesondere auf Beziehungen zu Familienangehörigen oder Freunden zu (Calhoun et al., 2010). Betroffene berichten aber auch, dass sie jetzt insgesamt über ein höheres Maß an Empathie verfügen (Calhoun et al., 2010).

c) Entdeckung neuer Möglichkeiten

Jeder Mensch übernimmt in seinem sozialen Gefüge Aufgaben und Rollen. Stirbt eine Person, entstehen Freiräume. Das kann heißen, dass neue Beziehungen aufgenommen sowie neue Pflichten und Rollen übernommen werden müssen. Dies erweist sich insbesondere kurz nach dem Verlust häufig als Bürde. Doch nach einiger Zeit entdecken viele auch, welche Möglichkeiten darin liegen, auch wenn sie die verstorbene Person sehr vermissen. Eine Frau, die ihren Mann plötzlich verloren und am Trauerzentrum Frankfurt an einer Trauergruppe teilgenommen hatte, berichtete beispielsweise: »Mein Mann war immer der Draufgänger, witzig und unterhaltsam. Ich war dadurch eher in die Rolle des Bedenkenträgers gedrängt. Dabei bin ich das eigentlich gar nicht. Jetzt habe ich viel mehr Raum, mich auch frei zu entfalten, und die Menschen lernen alle Seiten an mir kennen, nicht nur die der Bremserin.«

d) Die Wertschätzung des Lebens wird intensiver und Prioritäten verändern sich

Mit dem Verlusterlebnis tritt bei vielen Betroffenen die Erkenntnis ein, dass das Leben schneller zu Ende sein kann als oftmals gedacht. In der Folge beschließen sie überspitzt ausgedrückt, jeden Tag so zu leben, als wäre es der letzte. Sie schieben Träume nicht mehr auf, sondern arbeiten an ihrer Umsetzung, oder finden beispielsweise eine neue Balance zwischen Arbeit und Freizeit. So sagte eine Frau im Alter von 37, die ihre Mutter an einer Krebserkrankung verloren hatte und am Trauerzentrum Frankfurt an einer Trauergruppe teilnahm: »Meine Mutter hat ihr Leben lang geraucht. Jetzt ist sie an Lungenkrebs gestorben. So möchte ich nicht sterben. Ich habe mir das Rauchen abgewöhnt und lebe gesund.«

e) Veränderungen des spirituell/religiösen Bewusstseins

In Verlustfällen sind Betroffene häufig mit existenziellen Fragen konfrontiert. Welchen Sinn hat das Leben angesichts der eigenen Sterblichkeit? Gibt es ein Leben nach dem Tod? Im Zuge der Beantwortung ordnen viele Menschen ihre eigene Existenz in einen größeren Rahmen ein und sehen sich zum Beispiel als Teil eines Ganzen oder eines naturgegebenen Kreislaufs, je nach philosophischer, spiritueller oder religiöser Vorstellung. Sie geben sich ihre ganz eigene Antwort auf die Sinnhaftigkeit des Lebens. Dieses neu erworbene Bewusstsein trägt viele Menschen durchs Leben, weil es sie mit einem Bereich verbindet, der als transzendent bezeichnet werden kann und auf den es keine faktischen Antworten gibt. Verschiedene Studien belegen, dass insbesondere die Auseinandersetzung mit existenziellen Fragen die persönliche Reifung fördern kann (Balk, 1999; Rosenblatt, 2000).

Die eben aufgeführten fünf Bereiche beschreiben sicher nicht alle Möglichkeiten, wie Betroffene an einem Verlust wachsen können. Doch die fünf Kategorien stellen jene Bereiche dar, die aus der Fachliteratur herausgefiltert und in zahlreichen Studien immer wieder bestätigt wurden. Werden die Veränderungen an diesem Punkt mit dem verglichen, was im Kapitel 2.2 über die Kriterien von Weisheit geschrieben wurde, so zeigt sich deutlich, dass hier teilweise tatsächlich – zumindest subjektiv zu interpretierende – Reifungsprozesse stattfinden.

2.5 Persönliche Reifung: Häufig eine Frage des Sinns

Nach einem bedeutsamen Verlust beginnt für Hinterbliebene meist ein Bemühen um Verstehen und eine Suche nach Sinn. Diese Suche umfasst ganz verschiedene Ebenen: konkrete Fragen (»Wie ist er gestorben?«), Identitätsfragen (»Wer bin ich jetzt ohne meinen Mann?«) oder spirituelle/existenzielle Fragen (»Warum hat Gott das zugelassen?«). In Situationen, in denen die Zerbrechlichkeit und Endlichkeit des Lebens besonders bewusst werden, treten Fragen nach überindividuellen und ich-transzendenten Sinngehalten verstärkt in den Vordergrund. Die Auseinandersetzung damit und die Art und Weise, wie Hinterbliebene Antworten finden, nehmen Einfluss darauf, wie sie den Verlust bewältigen.

Forschungsergebnisse weisen darauf hin, dass das Ringen mit dem Erleben von Sinnlosigkeit auch ein Faktor für die Entstehung von Komplizierter Trauer ist (Prigerson et al., 2009).

Nach Baumeister und Vohs (2002) ist das Wesen von Sinn Verbindung. Ein Wort bekommt Sinn beziehungsweise Bedeutung, weil es auf einen Gegenstand verweist, den es bezeichnet, und weil Menschen, die die gleiche Sprache sprechen, mit dem Wort einheitlich den gleichen Gegenstand verbinden. Sinn ergibt sich auch durch kausale Verbindungen: Der Unfall geschah, weil die Bremsen versagten. Oder Sinn entsteht, wenn Ereignisse in einer Verbindung zu Zielen und Werten gesehen werden können.

Anhand dieser Beispiele wird deutlich, dass die Komplexität dessen, was in Verbindung zu etwas anderem Sinn und Bedeutung bekommt, sehr unterschiedlich sein kann. Die Frage nach dem Sinn eines einzelnen Wortes oder Satzes ist etwas anderes als die Suche nach dem Sinn eines Ereignisses, des eigenen Lebens oder des menschlichen Lebens generell.

Sinnfindung ermöglicht es, »trotzdem Ja zum Leben« zu sagen, wie der Titel des bekannten Buches heißt, in dem Viktor Frankl (2009) von seiner Zeit im Konzentrationslager berichtet. Indem traumatische Erlebnisse und ihre Folgen auf bejahende Weise in das individuelle und soziale Bedeutungsgeflecht aus Erklärungen, Überzeugungen, Werten und Zielen eingebunden werden, können Hinterbliebene für sich Sinn erleben. Welche Aspekte dabei eine Rolle spielen können, wird im Folgenden vorgestellt.

Überarbeitung kognitiver Schemata

Menschen bilden Annahmen darüber, wie die Welt und das Leben funktionieren (Janoff-Bulman, 1992). Kognitive Schemata helfen ihnen dabei, die Welt zu verstehen, Entscheidungen zu treffen und ihr Leben als bedeutungsvoll zu betrachten.

Häufig haben Menschen ein naives Bild von der Welt, welches darauf aufbaut, dass sie zwar wissen, dass Schlimmes geschehen kann, sie aber gleichzeitig davon ausgehen, dass es ihnen nicht geschehen wird. Solche Grundannahmen sind beruhigend, aber sie bereiten nicht darauf vor, Opfer eines traumatischen Lebensereignisses zu werden. Tritt ein kritisches Lebensereignis ein, kann es wie ein psychisches »Erdbeben« die kognitiven Schemata der Betroffenen schwer erschüttern, angreifen oder sogar in sich zusammenstürzen lassen. Diese Situation erleben die Betroffenen als leidvoll.

Ein kognitiver Wiederaufbau, der die veränderte Lebensrealität berücksichtigt, wird neue Schemata bilden, die das Trauma und mögliche Ereignisse in der Zukunft einschließt und damit weniger leicht zu erschüttern sein werden. Diese Ergebnisse werden als Wachstum erlebt (Tedeschi u. Calhoun, 2004). Trauernde müssen neue Annahmen finden, die der Realität gerechter werden und das Leben doch als verstehbar, handhabbar und sinnvoll erscheinen lassen. Dabei kann es auch notwendig werden, unrealistische oder gar unheilsame Überzeugungen aufzugeben.

Grübeln

In dem von Calhoun et al. (2010) entwickelten »model of growth in grief« spielt ein weiterer Aspekt, das Grübeln, eine wesentliche Rolle. So unterscheiden die Wissenschaftler konstruktives von wenig hilfreichem Grübeln. Ist das Grübeln konkret auf das Lösen eines Problems oder auf die Suche nach Sinn ausgerichtet, kann es positiv wirken. Werden jedoch immer wieder negative Gedanken und Emotionen in den Blick genommen, hat es keine adaptive Wirkung. Dabei erleben Betroffene insbesondere kurze Zeit nach dem Todesfall ungewollte, negative, intrusiv auftretende Gedanken. Erreichen die Hinterbliebenen aber eine gewisse Stabilität, lassen sich auch wieder zielgerichtetere Gedanken anstellen. Was sich hier nach einem eher linearen Prozess anhört, ist in der Realität ein oszillierender Prozess wie ihn Stroebe und Schut (2010) in ihrem »Dualen Prozessmodell« beschreiben. Idealerweise würden die intrusiven Gedanken aber in dem Maße nachlassen, in dem durch zielgerichtete Gedanken ein neues Sinngefüge erstellt wird (Calhoun et. al., 2010).

Soziale Unterstützung

Werden Betroffene von ihrem sozialen Umfeld in ihrem Sinnfindungsprozess unterstützt beziehungsweise fordern sie von ihrem sozialen Umfeld diese Unterstützung konkret ein, kann auch das wesentlich für das Erleben persönlicher Reifung sein (Hogan u. Schmidt, 2002).

Integration des Verlustes in die eigene Lebensgeschichte

Die Integration des Verlustes in die eigene Lebensgeschichte spielt eine wichtige Rolle. So erarbeiten sich Menschen ihre Identität und Selbstkohärenz, indem sie den ständigen Fluss der Lebensereignisse zu einer Geschichte konstruieren, die ihnen selbst sinn- und bedeutungsvoll erscheint, wobei sie sich natürlich unvermeidlich an den in ihrer Zeit und Lebenswelt vorherrschenden Erklärungsmustern orientieren (Neimeyer, Klass u. Dennis, 2010).

Ein erschütterndes Lebensereignis, wie der Tod eines geliebten Menschen, fordert dazu auf, die Erzählung des eigenen Lebens so anzupassen, dass sie wieder sinnvoll und kohärent wird. Dabei kann ein Verlust sich auch ganz leicht in die autobiografische Erzählung einfügen lassen. Gerade bei normativen und erwarteten Verlusten berichtet nur eine Minderheit der

Betroffenen davon, dass sie nach einem Sinn in diesem Geschehen sucht. Entsprechend kann das Fehlen dieser Suche als ein Prädiktor für eine unkomplizierte Verlustbewältigung gelten (Davis, Wortman, Lehman u. Silver, 2000).

2.6 Einordnung des Erlebens von persönlicher Reifung

Das Thema »Posttraumatisches Wachstum« findet aktuell in der internationalen Trauerforschung weitreichende Beachtung. Dabei stellen sich nicht nur Fragen nach den Einflussfaktoren oder dem Zusammenspiel von Verlustverarbeitung und dem Erleben persönlicher Reifung, sondern auch danach, ob ein derartiges Erleben gesundheitlich förderlich oder weniger förderlich sei. Dies ist vor allem für Fachkräfte von besonderer Bedeutung, denn es scheint, als gäbe es vermehrt Interventionen, die darauf abzielen, posttraumatisches Wachstum bei Betroffenen zu fördern (Roepke, 2015).

Persönliche Reifung – »real« oder »Illusion«?

Wissenschaftler diskutieren aktuell darüber, ob es sich bei posttraumatischem Wachstum um eine »reale« oder eine »illusorische« Veränderung handelt. Maercker und Zöllner (2004) gehen davon aus, dass subjektiv wahrgenommene persönliche Reifung ein »Janusgesicht« habe. Sie könne einerseits selbsttranszendierend, konstruktiv und damit eher real sein, aber auch auf Prozessen der Selbsttäuschung beruhen.

So untersuchten beispielsweise Engelhard, Lommen und Sijbrandij (2015) Soldaten hinsichtlich ihrer Anfälligkeit für eine posttraumatische Belastungsstörung (PTBS) bei ihrem Einsatz im Irak. Die Daten bezüglich ihrer Gesundheit wurden dabei vor dem Einsatz sowie fünf beziehungsweise 15 Monate nach ihrer

Rückkehr erhoben. Kurz nach der Rückkehr empfanden viele der Studienteilnehmer sich als erwachsener, gereifter. Sie würden das Leben mehr schätzen. Doch 15 Monate später zeigten eben jene Soldaten, die sich gereifter fühlten, besonders hohe PTBS-Werte. Die Wissenschaftler gehen davon aus, dass sich die Soldaten die positive Entwicklung einredeten und in Wirklichkeit die Auseinandersetzung mit den Erlebnissen vermieden.

McFarland und Alvaro (2000) kamen in einer anderen Studie zu dem Ergebnis, dass wahrgenommene Reifung der eigenen Person nach einem traumatischen Ereignis auch daher kommen kann, dass sich die Betroffenen nach einem Verlust rückwirkend negativer bewerten, wenn sie beschreiben sollen, wie sie vor dem Ereignis waren. Auch die Ergebnisse von Frazier, Tennen, Gavian, Park, Tomich und Tashiro (2009) zeigen, dass subjektiv wahrgenommenes Wachstum nicht immer mit realer Veränderung einhergehen muss. Sie haben Studenten kurze Zeit vor und nach einem traumatischen Ereignis befragt. Dabei stellten sie fest, dass es keinen Zusammenhang gab zwischen der persönlichen Einschätzung der Studenten, durch das traumatische Ereignis gewachsen zu sein, und der realen Veränderung. Hingegen waren die Studenten, die bei sich selbst Wachstum wahrnahmen, deutlich stärker psychisch belastet.

Dennoch sollte die heilsame Bedeutung von selbstaufwertenden Illusionen nicht unterschätzt werden: »Selbst wenn posttraumatisches Wachstum nichts weiter als eine selbstaufwertende Illusion wäre […], kann es doch ein Mechanismus sein, welcher unter besonders schwierigen Bedingungen zu gelingender Anpassung beiträgt« (Westphal u. Bonanno, 2007, S. 422).

Persönliche Reifung – über einen längeren Zeitraum beobachten

Entwicklungen sind Veränderungen, die über einen längeren Zeitraum stattfinden. Entsprechend spielt der Faktor Zeit eine große Rolle. Dies ist auch der Fall bei der Betrachtung von persönlichem Wachstum in Folge kritischer Lebensereignisse. Längsschnittstudien können hier Hinweise darüber geben, wie flüchtig oder stabil solche subjektiv wahrgenommenen Reifungsprozesse auf längere Sicht sind und welche kurzfristigen und langfristigen Zusammenhänge zwischen Reifung und Wohlbefinden bestehen.

Ein Problem bei der Untersuchung von posttraumatischer Reifung besteht jedoch darin, dass Hinterbliebene bislang fast ausnahmslos nur zu einem Zeitpunkt über ihre subjektive Wahrnehmung persönlicher Reifung befragt wurden (Eisma et al., 2019). Damit lassen sich letztlich keine Aussagen darüber machen, wie flüchtig oder anhaltend diese Einschätzung ist. Außerdem ist es bei einer einmaligen Befragung nicht möglich, kausale Zusammenhänge festzustellen, wie zum Beispiel: Geht es den Befragten psychisch besser, weil sie persönlich gereift sind, oder erleben sie sich als persönlich gereift, weil es ihnen psychisch besser geht?

Nach Tedeschi und Calhoun (2004) ist persönliche Reifung ein kognitiver Verarbeitungsprozess, der Zeit braucht. Es ist also zu erwarten, dass positive Veränderungen erst nach einiger Zeit möglich sind, langsam zunehmen und zu einem verbesserten Wohlbefinden führen. Diese Idee stützt auch eine Metaanalyse von Helgeson et al. (2006), in der 87 Studien zu posttraumatischem Wachstum ausgewertet wurden. So untersuchten die Wissenschaftler unter anderem, ob es einen Zusammenhang gibt zwischen subjektiv wahrgenommenem Wachstum und dem Messzeitpunkt, an dem danach gefragt wurde (d.h., wie viel Zeit seit dem Trauma/Verlust vergangen ist). Sie stellten fest, dass subjektiv wahrgenommene positive Veränderungen umso deutlicher mit geringerer Depression, positiven Gefühlen und weniger allgemeiner psychischer Belastung einhergingen, je mehr Zeit vergangen war.

Wortman (2004) beruft sich jedoch auch auf Studien, welche ein anderes Muster aufzeigen. So berichteten viele Menschen bereits wenige Wochen nach dem traumatischen Lebensereignis über positive Veränderungen und Gewinne, ihre Zahl nimmt jedoch zu späteren Zeitpunkten deutlich ab. Und bei denen, die später keine positiven Veränderungen mehr sehen können, nimmt die psychische Belastung deutlich zu. Diese Befunde passen zur Unterscheidung zwischen subjektiv wahrgenommener – und möglicherweise illusorischer – Reifung als Bewältigungsstrategie und »realer« Reifung, wie Maercker und Zöllner (2004) es mit ihrem Konzept des Janusgesichts von posttraumatischem Wachstum diskutieren. Wobei es intuitiv einleuchtet, dass »reale« Reifung Zeit braucht, um sich zu entwickeln und zu stabilisieren.

Persönliche Reifung – ein Zeichen gelingender oder nicht gelingender Bewältigung?

Unabhängig davon, ob persönliche Reifung als real oder illusorisch erlebt wird, geht es letztlich für Fachkräfte und Wissenschaftler um die Frage, ob posttraumatisches Wachstum beziehungsweise persönliche Reifung nach einem Verlusterlebnis in Verbindung mit einer gelingenden Bewältigung steht. Allein wegen der positiven Bezeichnung scheint es schwierig, Reifung oder Wachstum als Teilaspekt einer insgesamt problematischen Entwicklung zu sehen.

So betrachten Zöllner, Calhoun und Tedeschi (2006) den Zusammenhang zwischen posttraumatischem Wachstum und einer Verbesserung der psychischen Funktionsfähigkeit oder positiven Verhaltensänderungen als gegeben. Erstaunlich scheint dabei auf den ersten Blick, dass Tedeschi und Calhoun (2004) in ihrem *model of growth in grief* davon ausgehen, dass sich mit dem Erleben von posttraumatischem Wachstum nicht notwendigerweise die emotionale Belastung verringert.

Für Janoff-Bulman (2004) ist das gleichzeitige Auftreten von negativen Auswirkungen nach einem Trauma (wie geringeres

Wohlbefinden und erhöhte psychische Belastung) und persönlicher Reifung nicht überraschend. Denn für das Erleben von Wachstum sind schmerzhafte Herausforderungen und Einsichten erforderlich. Sie bedingen einander und Betroffene können ihr Augenmerk mal auf das eine, mal auf das andere richten, doch beides ist immer da (Janoff-Bulman, 2004).

Im weitesten Sinne bestätigen auch Bellet et al. (2018) diesen Zusammenhang. So berichten sie in ihrer Studie davon, dass auch Komplizierte Trauer und posttraumatisches Wachstum gemeinsam auftreten können. Ihren Aussagen zufolge bilden die Symptome beider Konstrukte ein Netzwerk, deren einzelne Faktoren sich gegenseitig hemmen oder fördern können. So hemmt beispielsweise das Unvermögen, Beziehungen zu anderen weiterzuführen, das Erleben von Wachstum. Andererseits verringert die Überzeugung, mit Schwierigkeiten des Lebens umgehen zu können, das Risiko für die Entwicklung von Komplizierter Trauer. Insgesamt sind derartige Netzwerkanalysen vor allem dafür geeignet, dem Eindruck entgegenzuwirken, dass es sich bei der Herausbildung von persönlicher Reifung um einen linearen Prozess handelt. Im Gegenteil, vieles spricht dafür, dass diese Prozesse interagierend miteinander verlaufen (Bellet et al., 2018).

Ergänzend dazu können die Ergebnisse von Eisma et al. (2019) betrachtet werden. Gemeinsam untersuchten sie, in welchem Zusammenhang posttraumatisches Wachstum mit Angst, Depressionen und den Symptomen posttraumatischen Stresses und langanhaltender Trauer stehen. Dabei bestätigte sich, dass Menschen, die eine moderate Symptomlast zeigten, auch eher persönliche Reifung erlebten. Betroffene, die jedoch kaum oder sehr stark beeinträchtigt waren, erlebten dies hingegen selten bis gar nicht. Ein gewisses Maß an Leid scheint also förderlich, aber zu viel beziehungsweise zu wenig nicht förderlich zu sein. Die Studie zeigte aber auch, dass das Erleben von persönlicher Reifung nicht die Symptomlast mindert. Rückschließend geht es also nicht so sehr um die Frage, ob posttraumatisches Wachstum adaptiv oder maladaptiv sei, sondern viel eher darum, welches Maß an Belastung Wachstum überhaupt zulässt und welche Faktoren darauf Einfluss haben. Vor diesem Hintergrund sind auch Interventionen unangebracht, die generell darauf abzielen, bei den Betroffenen posttraumatisches Wachstum zu fördern (Eisma et al., 2019).

2.7 Wichtig für Betroffene, das soziale Umfeld und Fachkräfte

Wie die bisherigen Ausführungen zeigen, werden positive Veränderungen und Reifung nach einem Verlust häufig erlebt. Doch die Prozesse, die dazu führen, sind komplex. Wie persönliche Reifung entsteht, welche Faktoren darauf einwirken, wie diese miteinander interagieren oder auch welche Bedeutung das Erleben von Wachstum langfristig hat, sind Fragen, die die empirische Forschung und Theoriebildung weiterhin zu klären hat.

Don'ts
Vor diesem Hintergrund sind diesbezügliche Konzepte und die bisher vorliegenden Forschungsergebnisse mit Vorsicht zu behandeln. Denn es kann erheblichen Druck auf Betroffene ausüben, wenn persönliche Reifung der Standard ist, an dem erfolgreiche Bewältigung gemessen wird. »Solch ein Standard kann dazu führen, dass jene negativ bewertet werden, die kein persönliches Wachstum aufweisen, es kann ihnen das Gefühl geben, dass sie in der Bewältigung versagt haben« (Wortman, 2004, S. 89). Gerade Ratschläge gegenüber Hinterbliebenen, sie mögen doch das Positive sehen, sind wenig hilfreich, und die Literatur über soziale Unterstützung zeigt deutlich, dass Hinterbliebene es als Zumutung empfinden, wenn ihre Mitmen-

schen sie mit solchen Ansichten konfrontieren (Wortman, 2004). Zudem kann die Verankerung der Idee »persönlicher Reifung« im Allgemeinwissen auch einem kollektiven Vermeidungsmechanismus Vorschub leisten. Eine Gesellschaft, die das Ideal pflegt, dass Menschen selbst extremen Widrigkeiten standhalten und an den Erfahrungen sogar noch reifen und wachsen können, entlastet vor allem die Nichtbetroffenen. Denn sie können sich damit beruhigen, dass Krieg, Gewalt und Katastrophen angesichts des individuellen Wachstumspotenzials so schlimm ja gar nicht sein können.

Do's
Fachkräfte wie auch das soziale Umfeld sollten um die Möglichkeit von positiven Veränderungen und subjektiv wahrgenommener Reifung wissen, jedoch niemals Wachstum erwarten. Aufforderungen, das Positive zu sehen oder gar den Verlust als Chance für Wachstum zu begreifen, sind nicht hilfreich. An erster Stelle sollte im Kontakt mit Hinterbliebenen daher immer die Bereitschaft stehen, wertschätzend und nicht wertend zuzuhören und dabei den Schmerz und die Schwierigkeiten anzuerkennen, die nach dem Verlust erlebt werden. Fachkräfte und das soziale Umfeld können die Betroffenen unterstützen, indem sie positive Veränderungen ansprechen, die sie am Hinterbliebenen wahrnehmen (»Es beeindruckt mich sehr, wie entschlossen du dich seit dem Tod deines Mannes um seine Firma kümmerst. Ich glaube nicht, dass ich mir das zutrauen würde.«). Das kann das Selbstwertgefühl und das Erleben von Selbstwirksamkeit der Betroffenen stärken. Wenn Hinterbliebene von sich aus darüber sprechen, dass sie das Leben durch den Verlust mit anderen Augen sehen, kann man nachfragen und sich die Veränderungen beschreiben lassen. Möglicherweise sind Betroffene sogar davon überzeugt, einen bedeutsamen Entwicklungsschritt vollzogen zu haben. Auch diese Selbsteinschätzung sollte nicht in

Zweifel gezogen werden, selbst wenn jemand darin eine illusorische Selbstaufwertung zu erkennen meint.

Insgesamt gesehen kann es für Betroffene hilfreich sein, ihre Trauerreaktionen als Teil eines konstruktiven Prozesses zu sehen, der auch zu positiven Veränderungen oder zu persönlicher Reifung führen darf. Zu beachten ist dabei, dass das Wachstum nicht auf das Ereignis selbst zurückzuführen ist, sondern sich im Zuge der Bewältigung des Ereignisses einstellen kann. Doch auf keinen Fall sollten sich Trauernde positive Veränderungen oder Reifung selbst auferlegen oder von Außenstehenden auferlegen lassen.

2.8 Auf einen Blick

- Seit den frühen 1990er Jahren untersuchen Wissenschaftler auch die möglichen positiven Auswirkungen von Verlusterfahrungen.
- Posttraumatisches Wachstum bezeichnet ein Phänomen, bei dem Menschen durch das Erleben einer Krisensituation langanhaltend tiefe Einsichten über sich und das Leben im Allgemeinen und im Besonderen gewinnen.
- Lebensereignisse, negative wie positive, können unter gewissen Voraussetzungen zu persönlicher Reifung führen, müssen es aber nicht.
- Das Entstehen posttraumatischen Wachstums wird durch zahlreiche Faktoren beeinflusst.
- Das Erleben posttraumatischen Wachstums ist weitverbreitet und wird überwiegend in fünf Hauptbereichen erlebt.
- Posttraumatisches Wachstum ist für die psychische Gesundheit weder förderlich noch schädlich.
- Interventionen, die darauf abzielen, bei den Betroffenen posttraumatisches Wachstum zu fördern, sind unangebracht.

2.9 Literatur

Balk, D. (1999). Bereavement and spiritual change. In Death Studies, 23 (6), 485–493.
Baltes, P., Glück, J., Kunzmann, U. (2002). Wisdom. Its structure and function in regulating successful life span development. In C. R. Snyder, S. J. Lopez (Eds.), Handbook of positive psychology (S. 327–347). Oxford: Oxford University Press.
Baumeister, R. F., Vohs, K. D. (2002). The pursuit of meaningfulness in life. In C. R. Snyder, S. J. Lopez (Eds.), Handbook of positive psychology (S. 608–618). Oxford: Oxford University Press.
Bellet, B. W., Jones, P. J., Neimeyer, R. A., McNally, R. J. (2018). Bereavement outcomes as causal systems: A network analysis of the co-occurrence of complicated grief and posttraumatic growth. Clinical Psychological Science, 6 (6), 797–809.
Brandtstädter, J. (2011). Positive Entwicklung. Zur Psychologie gelingender Lebensführung. Heidelberg: Spektrum.
Calhoun, L. G., Tedeschi, R. G. (1998). Posttraumatic growth: Future directions. In R. G. Tedeschi, C. L. Park, L. G. Calhoun (Eds.), Posttraumatic growth (215–238). Mahwah, NJ: Erlbaum.
Calhoun, L. G., Tedeschi, R. G., Cann, A., Hanks, E. A. (2010). Positive outcomes following bereavement: Paths to posttraumatic growth. Psychologica Belgica, 50 (1–2), 125–143.
Currier, J., Holland, J., Coleman, R., Neimeyer, R. A. (2006). Bereavement following violent death: An assault on life and meaning. In R. Stevenson, G. Cox (Eds.), Violence. Amityville, NY: Baywood.
Davis, C. G., Wortman, C. B., Lehman, D. R., Silver, R. C. (2000). Searching for meaning in loss: Are clinical assumptions correct? Death Studies, 24 (6), 497–540.
Eisma, M. C., Lenferink, L. I. M., Stroebe, M. S., Boelen, P. A., Schut, H. A. W. (2019). No pain, no gain: cross-lagged analyses of posttraumatic growth and anxiety, depression, posttraumatic stress and prolonged grief symptoms after loss. Anxiety, Stress & Coping, 32 (3), 231–243.
Engelhard I., Lommen M., Sijbrandij M. (2015). Changing for better or worse? Posttraumatic growth reported by soldiers deployed to Iraq. Clinical Psychological Science, 3 (5), 789–796.
Filipp, S.-H. (2007). Kritische Lebensereignisse. In J. Brandtstädter, U. Lindenberger (Hrsg.), Entwicklungspsychologie der Lebensspanne (S. 337–366). Stuttgart: Kohlhammer.
Frankl, V. E. (2009). ... trotzdem Ja zum Leben sagen. Ein Psychologe erlebt das Konzentrationslager. München: Kösel.

Frazier, P., Tennen, H., Gavian, M., Park, C., Tomich, P., Tashiro, T. (2009). Does self-reported posttraumatic growth reflect genuine positive change? Psychological Science, 20 (7), 912–919.

Helgeson, V. S., Reynolds, K. A., Tomich, P. L. (2006). A meta-analytic review of benefit finding and growth. Journal of Consulting and Clinical Psychology, 74 (5), 797–816.

Hogan, N. S. (1987). An investigation of adolescent sibling bereavement and adaptation. Unpublished doctoral dissertation, Loyola University, Chicago, IL.

Hogan, N. S., Schmidt, L. A. (2002). Testing the grief to personal growth model using structural equation modeling. Death Studies, 26 (8), 615–634.

Höhfeld, G. (2019). Traumata als Treibstoff. Wie Schicksalsschläge Manager stärker machen. https://www.manager-magazin.de/unternehmen/karriere/karriere-wie-schicksalsschlaege-manager-staerker-machen-a-1250339.html (Zugriff am 29.01.2019).

Janoff-Bulman, R. (1992). Shattered assumptions: Towards a new psychology of trauma. New York: Free Press.

Janoff-Bulman, R. (2004). Posttraumatic growth: Three explanatory models. Psychological Inquiry, 15 (1), 30–34.

Kluge, F. (1995). Etymologisches Wörterbuch der deutschen Sprache (23. Aufl.). Berlin: Walter de Gruyter.

Leven, C. (1998). Worte, die gut tun. Freiburg: Herder Verlag.

Levenson, M. R, Aldwin, C. M., Cupertino, A. P. (2001). Transcending the self: Towards a liberative model of adult development. In A. L. Neri (Ed.), Maturidode & Velhice: Um enfoque multidisciplinar (S. 99–116). Sao Paulo, Brazil: Papirus.

Maercker, A. (2017). Trauma und Traumafolgestörungen. München: C. H. Beck.

Maercker, A., Zöllner, T. (2004). The Janus face of self-perceived growth: Toward a two-component model of posttraumatic growth. Psychological Inquiry, 15 (1), 41–47.

McFarland, C., Alvaro, C. (2000). The impact of motivation on temporal comparisons: Coping with traumatic events by perceiving personal growth. Journal of Personality and Social Psychology, 79 (3), 327–343.

Neimeyer, R. A., Klass, D., Dennis, M. R. (2010). Mourning, meaning and memory: Grief and the narration of loss. In J. Ciprut (Ed.), On meaning. Boston: MIT Press.

Park, C. L., Cohen, L. H., Murch, R. L. (1996). Assessment and prediction of stress-related growth. Journal of Personality, 64 (1), 71–105.

Prigerson, H. G., Horowitz, M. J., Jacobs, S. C., Parkes, C. M., Aslan, M., Goodkin, K., et al. (2009). Prolonged grief disorder: Psychometric validation of criteria proposed for DSM-V and ICD-11. In: PLOS Medicine, 6 (8), 1–12.

Roepke, A. M. (2015). Psychosocial interventions and posttraumatic growth: A meta-analysis. Journal of Consulting and Clinical Psychology, 83 (1), 129–142.

Rosenblatt, P. C. (2000). Parent grief: Narratives of loss and relationship. London/New York: Routledge.

Staudinger, U. M. (2005). Lebenserfahrung, Lebenssinn und Weisheit. In S. H. Filipp, U. M. Staudinger (Hrsg.), Entwicklungspsychologie des mittleren und höheren Erwachsenenalters (S. 739–761). Göttingen: Hogrefe.

Staudinger, U. M., Dörner, J. (2007). Weisheit, Einsicht und Persönlichkeit. In J. Brandtstädter, U. Lindenberger (Hrsg.), Entwicklungspsychologie der Lebensspanne (S. 656–680). Stuttgart: Kohlhammer.

Staudinger, U. M., Smith, J., Baltes, P. B. (1994). Manual for the assessment of wisdom-related knowledge. Materialien aus der Bildungsforschung (46). Berlin: Max-Planck-Institut für Bildungsforschung.

Stroebe, M., Schut, H. (2010). The Dual Process Model of coping with bereavement: A Decade On. OMEGA – Journal of Death and Dying, 61 (4), 273–289.

Stroebe, M., Schut, H., Stroebe, W. (2007). Health outcomes of bereavement. The Lancet, 370 (9603), 1960–1973.

Tedeschi, R. G., Calhoun, L. G. (1996). The posttraumatic growth inventory: Measuring the positive legacy of trauma. Journal of Traumatic Stress, 9 (3), 455–471.

Tedeschi, R. G., Calhoun, L. G. (2004). Post-traumatic growth: Conceptual foundations and empirical evidence. Psychological Inquiry, 15 (1), 1–18.

Ulich, D. (1987). Krise und Entwicklung: Zur Psychologie der seelischen Gesundheit. Weinheim: Psychologie Verlags Union.

Waugh, A., Kiemle, G., Slade, P. (2018). What aspects of post-traumatic growth are experienced by bereaved parents? A systematic review. European Journal of Psychotraumatology, 9 (1) 1–14.

Westphal, M., Bonanno, G. A. (2007). Posttraumatic growth and resilience to trauma: Different sides of the same coin or different coins? Applied Psychology: An International Review, 56 (3), 417–427.

Wortman, C. B. (2004). Posttraumatic Growth: Progress and Problems. Psychological Inquiry, 15 (1), 81–90.

Zöllner, T., Calhoun, L. G., Tedeschi, R. G. (2006). Trauma und persönliches Wachstum. In A. Maercker, R. Rosner (Hrsg.), Psychotherapie der posttraumatischen Belastungsstörung (S. 36–42). Stuttgart: Thieme.

3 Trauer oder Depression?

Es ist früh am Abend. In einer halben Stunde treffen sich die Teilnehmer einer Trauergruppe. Die Tür geht auf, eine Teilnehmerin stürmt herein. »Frau Müller, ich komme gerade von einem Treffen mit meiner Freundin. Ich bin total entsetzt. Sie hat zu mir gesagt, dass ich nicht mehr trauern würde, sondern Depressionen hätte. Ich solle mal zum Arzt gehen. Was sagen Sie dazu, stimmt das?«

Der Mann der Teilnehmerin hatte Prostatakrebs. Er starb vor vier Monaten. Seitdem hat sie Schlafprobleme, wenig Appetit und kann sich nur schlecht auf ihre Arbeit konzentrieren. Wenn sie mit Freunden zusammen ist, geht es ihr besser. Dann lacht sie sogar mal. Aber viel häufiger ist sie antriebslos, niedergeschlagen und traurig. Am liebsten verkriecht sie sich in ihrer Wohnung.

Welche Antwort wäre der Klientin zu geben? Leidet sie unter dem Verlust oder an einer Depression? Trauer und Depressionen scheinen für viele Menschen ähnliche Phänomene zu sein. Außenstehende sind sich häufig unsicher, wenn Betroffene längerfristig lustlos und traurig sind. Diesen Zustand verbinden sie eher mit Depressionen als mit Verlustverarbeitung. Selbst Betroffene nutzen das Wort »Depression« häufig, wenn sie beschreiben, wie sie sich fühlen. Meist bezeichnen sie damit die Freudlosigkeit, die sie empfinden. Niedergeschlagenheit, Deprimiertheit oder depressive Verstimmung wären hier zutreffendere Begriffe, die jedoch in der Alltagssprache weniger prominent sind. Aus diesem Grund ist es für Fachkräfte im Umgang mit Trauernden nicht nur wichtig, auf die sprachliche Genauigkeit zu achten. Auch die Fähigkeit zwischen Trauer und Depressionen differenzieren zu können, ist von großer Bedeutung, damit sie Betroffene beruhigen oder weiter verweisen können. Darüber hinaus ist es hilfreich, wenn das Wissen, das sie in den allgemeinen Diskurs einfließen lassen, dazu dient, den irreführenden Vorstellungen entgegenzuwirken. Denn während es sich bei Trauer um eine normale Reaktionsweise auf eine Verlusterfahrung handelt (Wittkowski, 2010), die Betroffene durchaus länger beeinträchtigen kann, jedoch weder psychotherapeutische noch medikamentöse Hilfe nötig macht[12], handelt es sich bei einer Depression um eine ernstzunehmende psychische Erkrankung, die behandlungsbedürftig ist.

3.1 Wann liegt eine Depression vor?

Fachleute in Deutschland bestimmen derzeit anhand des Klassifikationssystems ICD-10[13], ob bei einer Person eine Depression im Sinne einer psychischen Störung vorliegt oder nicht. Darin ist festgehalten, welche Symptome (Beschwerden oder Merkmale) in welchem Zeitraum bestehen müssen, damit eine Erkrankung bescheinigt werden kann. Eine Krankschreibung, eine Psychotherapie oder die Verschreibung von Medikamenten muss der behandelnde Arzt mit einer entsprechenden

---

12 Eine Ausnahme stellt die Komplizierte Trauer bzw. das Vorliegen der Diagnose Prolonged Grief Disorder dar.
13 ICD-10 heißt Internationale statistische Klassifikation der Krankheiten und verwandter Gesundheitsprobleme. Die Zahl 10 besagt, dass es sich um die 10. Revision handelt. Im Mai 2019 wurde von der Weltgesundheitsorganisation (WHO) die 11. Revision der ICD verabschiedet. Doch wann diese in Deutschland eingeführt wird, ist zurzeit noch unklar.

ICD-10-Diagnose begründen. Die Grenze zwischen »normalem« seelischen Leiden und psychischer Störung ist also letztlich immer da, wo Expertengremien sie nach bestem Wissen und Gewissen festgelegt haben, und hat viel damit zu tun, wo man glaubt, helfen zu können und eingreifen zu sollen. Diagnosen kennzeichnen also nur den »medizinischen Versorgungsbedarf« (DGPPN, 2013) und sagen nichts über das subjektiv empfundene Leiden aus.

Im Kapitel F32 der ICD-10 (1993) haben sich Experten auf die Bedingungen zur Feststellung einer Depression geeinigt. Mindestens zwei der folgenden Hauptsymptome und mindestens zwei der folgenden Nebensymptome müssen über mindestens zwei Wochen relativ durchgängig gegeben sein, damit die Diagnose »leichte depressive Episode« (F32.0) gerechtfertigt ist:

Hauptsymptome
- Depressive Stimmung
- Verlust von Interesse oder Freude
- Erhöhte Ermüdbarkeit

Nebensymptome
- Verminderte Konzentration und Aufmerksamkeit
- Vermindertes Selbstwertgefühl und Selbstvertrauen
- Schuldgefühle und Gefühle von Wertlosigkeit
- Negative und pessimistische Zukunftsperspektiven
- Suizidgedanken, erfolgte Selbstverletzung oder Suizidhandlungen
- Schlafstörungen
- Appetitmangel

Zudem ist in weiteren Unterkapiteln festgelegt, wann jeweils von einer mittelgradigen (F32.1) oder einer schweren depressiven Episode (F32.2) gesprochen werden sollte.

Mittelgradige depressive Episode = zwei Hauptsymptome und drei, eher vier, Nebensymptome müssen jeweils länger als zwei Wochen bestehen.

Schwere depressive Episode = drei Hauptsymptome und mehr als vier Nebensymptome (einige davon mit besonderer Ausprägung) müssen jeweils länger als zwei Wochen bestehen.

Selbstverständlich stellen diese Ausführungen nur eine verkürzte Beschreibung der Episoden dar, auch erwähnen sie nicht alle in der ICD-10 enthaltenden möglichen depressiven Störungsbilder. Doch schon diese knappe Beschreibung macht deutlich, wie schwierig die Unterscheidung zwischen Trauer und Depression anhand des Klassifikationssystems ICD-10 ist.

Neben dem Klassifikationssystem, das in Deutschland angewandt wird, gibt es noch ein weiteres, das den Namen »Diagnostic and Statistical Manual of Mental Disorders«[14] trägt, kurz DSM. Es wird von der American Psychiatric Association (APA) herausgegeben und in den USA oder auch den Niederlanden eingesetzt. Seit dem Jahr 2013 liegt es in seiner fünften Revision vor, das DSM-5.

In den Jahren vor der Veröffentlichung wurde in den Medien viel über das Problem berichtet, dass anhand der in den Klassifikationssystemen festgelegten Kriterien Trauer und Depression nicht unterschieden werden kann. Grund dafür war eine unter Fachleuten intensiv und kontrovers geführte Diskussion darüber, ob bei Hinterbliebenen in den ersten zwei Monaten nach dem Verlust auch dann keine klinische Depression diagnostiziert werden darf, wenn alle dafür notwendigen Symptome eigentlich gegeben sind. Die frühere Version, das DSM-IV, sah dieses sogenannte Trauerausschlusskriterium noch vor. Dem-

---

14 Übersetzt in die deutsche Sprache: Diagnostisches und Statistisches Manual Psychischer Störungen DSM-5. Es liegt auch eine deutschsprachige Fassung vor (Falkai u. Wittchen, 2018).

nach lag keine Depression vor, wenn die Symptome in der Zeit durch eine Trauerreaktion erklärt werden konnten (Wagner, 2013). Über diese Zeit hinaus war eine Diagnose möglich, wenn sich die Symptome weiterhin zeigten.

Wo Befürworter des Verzichts auf das Trauerausschlusskriterium von klinischer Notwendigkeit und guter Studienlage sprachen, führten Kritiker eine Pathologisierung normaler Trauer, eine Stigmatisierung Betroffener und vor allem die unzureichende Datenlage an, die die klinische Notwendigkeit belegten (Frances, Pies u. Zisook, 2010). Doch in der seit Mai 2013 gültigen Fassung des DSM-5 ist diese Klausel weggefallen[15], und Kritiker befürchten, dass damit viele Trauernde irrtümlich als psychisch krank diagnostiziert werden, denn »ausgeprägte Trauer nach dem Tod eines nahestehenden Menschen geht oft mit denselben Symptomen, Beschwerden und Einschränkungen einher, wie bei einer depressiven Erkrankung (bes. Niedergeschlagenheit, Antriebsstörung, Interesseverlust, Schlafstörungen, Appetitverlust, Freudlosigkeit)« (DGPPN, 2013).

Verlusterfahrungen und Depressionen sind komplexe Phänomene. Da sich ihre Reaktionsweisen und Symptome überschneiden, scheinen sie zum Verwechseln ähnlich zu sein. Und doch liest man häufig, dass Trauer und Depression grundverschieden, ja gegensätzlich seien: »Wo echte Trauer vorliegt, ist depressives Erleben fern. Wo eine schwere Depression einen Menschen blockiert, ist aktives Trauern vorerst unmöglich« (Hell, 2002, S. 150). Es ist also recht verwirrend. Wie können zwei Phänomene gleichzeitig vollkommen gegensätzlich und doch zum Verwechseln ähnlich sein? Diese Frage lässt sich beantworten,

---

15 Irrtümlich nehmen Betroffene und Fachkräfte in Deutschland häufig an, dass das DSM-5 nun eine eigenständige trauerspezifische Diagnose enthält. Dies ist nicht der Fall. Das DSM-5 enthält den Diagnosevorschlag »Persistent Complex Bereavement Disorder« (PCBD) zur weiteren Erforschung. Dieser ist nicht zur klinischen Anwendung gedacht.

wenn Merkmale berücksichtigt werden, die in den Klassifikationssystemen kaum oder gar nicht vorgegeben sind.

3.2 Was unterscheidet Trauer und Depression?

Erste Hinweise zur Differenzierung lassen sich in den Erzählungen Betroffener finden, wie beispielsweise in dem Bericht von Frau F.

Sie leidet seit vielen Jahren an wiederkehrenden, schweren depressiven Episoden. Dann verschwand ganz plötzlich ihr erwachsener, psychisch kranker Sohn. Alles deutete darauf hin, dass er in unwegsamem Gelände verunglückt war. Doch trotz aufwendiger Suche konnte er nicht gefunden werden. Die Mutter war nach einigen Wochen überzeugt, ihr Sohn sei tot. Erst nach über einem Jahr erhielt sie ein Lebenszeichen von ihm.

Über die Unterschiede zwischen Trauer und Depressionen sagt sie: »Trauer und Depression – zwei vielleicht verwandte, aber ganz und gar unterschiedliche Seelenzustände. Nicht zu verwechseln. Darum ist es mir auch so unverständlich, dass beides gleichgesetzt werden kann. Manche Symptome gleichen sich: Schlaflosigkeit, ein ganz großes Thema bei beiden. Nichts essen können oder wollen. Stimmungsschwankungen. Plötzliches, scheinbar unbegründetes Weinen … Aber das sind nur oberflächliche Erscheinungen. Tief unten, tief in uns drin, wo die Seele wohnt, gibt es für die scheinbar gleichen Erscheinungen ganz unterschiedliche Gefühlsursachen. Es ist ein bisschen wie bei einem tiefen Teich. Viele Lebewesen wohnen im Wasser. Du sitzt am Ufer und schaust auf die stille Oberfläche. Manchmal kräuselt sie sich. Dann weißt du, dort stößt gerade ein Fisch an die Oberfläche. Und obwohl es immer ähnlich aussieht, kannst du nie wissen, was für ein Fisch diese kleinen Wellen verursacht. Um es rauszukriegen, müsstest du genauer hinschauen oder vielleicht sogar hineintauchen. Dass sich aus einer Trauerphase eine Depression entwickeln kann, ist ein ganz anderes Thema. Dazu kann ich nichts sagen. In der Zeit, als mein Sohn verschwunden war, hatte ich definitiv keine Depression. Und die Trauer hat sich in dem Moment aufgelöst, als ich erfuhr, dass er noch lebt« (persönliche Mitteilung an Hildegard Willmann, 5.6.2013).

Neben den Hinweisen, die Betroffene liefern, benennen auch die Experten, die für die Streichung des Trauerausschlusskriteriums aus dem DSM-5 verantwortlich sind, in einer Fußnote zahlreiche Kriterien, damit es nicht zur Verwechslung von Trauer und Depression kommt (American Psychiatric Association, 2013). Ebenso argumentieren Wissenschaftler, dass eine Unterscheidung möglich ist, wenn man zusätzlich zu den vorgeschriebenen diagnostischen Kriterien weitere Aspekte der subjektiven Erfahrung oder der Eigenwahrnehmung des Klienten berücksichtigt (Pies, 2008; Pies u. Zisook, 2010; Shear, 2009). Die nachfolgenden neun Unterscheidungsmerkmale wurden auf der Basis der Ausführungen von Pies (2008), Pies (2010) und Lamb, Pies und Zisook (2010) sowie der APA (2013) zusammengestellt. Ergänzt werden sie jeweils durch die Aussagen von Menschen, die in ihrem Leben sowohl Trauer als auch mittelschwere bis schwere Depressionen durchlebt haben.

So wie beispielsweise Kay Redfield Jamison, Psychologin und Professorin für Psychiatrie und Verhaltensforschung an der Johns Hopkins Universität in Baltimore, Maryland. Sie leidet selbst an einer bipolaren Störung (früher auch manisch-depressive Erkrankung genannt). Im Jahr 2002 starb ihr Ehemann Richard. Dieser Verlust rief eine starke Dunkelheit in ihr hervor. Eine solch enorm heftige Reaktion hatte sie nicht erwartet. Es war der Anlass für sie zu erforschen, worin sich Trauer und Depression glichen und unterschieden (Jamison, 2011).[16]

Unterschied 1 – Emotionale Schwingungsfähigkeit oder emotionale Erstarrung

Sowohl Trauer als auch Depression sind mit seelischem Leid verbunden. Dennoch können Unterschiede ausgemacht werden, was die Qualität und die Dauerhaftigkeit der negativen Stimmungslage angeht. So berichten viele Hinterbliebene, dass der Kummer in Wellen kommt, aber dann auch wieder abebbt (Bisconti, Bergman u. Boker, 2006; Bonanno, 2012). Und bei allem Schmerz bleibt Hinterbliebenen in der Regel die Fähigkeit erhalten, Momente positiver Emotionen zu erleben (Bonanno u. Kaltman, 2001; Lund, Utz, Caserta u. de Vries, 2008).

Depressionen hingegen sind gekennzeichnet durch das Leiden an einer anhaltenden negativen Grundstimmung, die als Niedergeschlagenheit, emotionale Erstarrung oder auch als Zustand der Gefühllosigkeit beschrieben wird. Die für depressive Erkrankungen typische Stimmung »ändert sich von Tag zu Tag wenig, reagiert meist nicht auf die jeweiligen Lebensumstände, kann aber charakteristische Tagesschwankungen aufweisen« (Weltgesundheitsorganisation, 1993, S. 139).

In der Fußnote der deutschsprachigen Ausgabe des DSM-5 heißt es dazu: »Bei der Unterscheidung von Trauer und Major Depression ist es hilfreich zu berücksichtigen, dass bei Trauer die vorherrschenden Affekte Gefühle von Leere und Verlust sind, während bei der Episode einer Major Depression eine durchgehende depressive Verstimmung und die Unfähigkeit, Glück und Freude wahrzunehmen, im Vordergrund stehen. Die dysphorische Stimmungslage bei Trauer nimmt in der Regel über Tage bis

---

16 Zum besseren Verständnis haben wir ihre Aussagen in die deutsche Sprache übersetzt.

Wochen an Intensität ab und tritt in Wellen von Trauerschmerz auf. Diese Wellen sind häufig mit Gedanken oder Erinnerungen an den Verstorbenen verbunden. Die depressive Stimmungslage bei einer Episode der Major Depression besteht hingegen eher durchgehend und ist nicht an spezifische Gedanken oder Sorgen geknüpft. Der Schmerz im Rahmen einer Trauer kann von positiven Emotionen und Humor begleitet sein, was nicht für die allgegenwärtigen Gefühle des Unglücklichseins und des Kummers charakteristisch ist, welche Episoden der Major Depression auszeichnen« (Falkai u. Wittchen, 2018, S. 171).

Jamison beschreibt diesen Punkt wie folgt: »Ich hatte Depressionen als unerbittlich, gleichbleibend und unbeeinflusst von Geschehnissen erlebt. Ich erlebte es als permanentes, unveränderliches Leid. Kummer war anders. Er kam in Wellen, überfiel mich unerwartet, schlug zu, wenn ich mich besonders lebendig fühlte, glaubte, dass ich ihn überwunden hätte« (2011, S. 168 f.). »Während einer Depression war meine Stimmung unveränderlich trostlos. In der Trauer war das nicht so, sie konnte sich verändern und verbesserte sich gewöhnlich, wenn ich mit meiner Familie oder meinen Freunden zusammen war« (2011, S. 171).

Unterschied 2 – Erleben von Trost oder durchgängiges Gefühl von Trostlosigkeit

Hinterbliebene erleben immer wieder, dass sie in bestimmten Aktivitäten Trost finden können. Eine Depression hingegen zeichnet sich durch das Erleben von Trostlosigkeit aus. Situationen, die üblicherweise trösten oder Freude bereiten, verändern diese Stimmung kaum oder gar nicht. Für Menschen in einem depressiven Zustand kann es besonders qualvoll sein, dass sie die Bemühungen ihrer Mitmenschen, sie aufzumuntern, wahrnehmen und dennoch keine Veränderung ihrer Stimmung eintritt.

Von Jamison heißt es dazu: »Die Fähigkeit sich trösten zu lassen, ist ein wichtiges Unterscheidungsmerkmal von Trauer und

Depression. Das heißt nicht, dass es in der Trauer immer möglich ist, getröstet zu werden. Aber man weiß, dass Trost überhaupt möglich ist« (2011, S. 178). »Von Anfang an hatte Poesie eine tröstende Wirkung auf mich [...]. Nach Richards Tod las ich sprunghaft, aber intensiv. Diesen Trost zu finden, war mir in Zeiten von Depression nie möglich. In der Depression konnte ich mich nicht genug konzentrieren, um zu lesen, und das Gelesene ergab wenig Sinn. Das geschriebene Wort ließ mich kalt« (2011, S. 175).

Unterschied 3 – Intentionalität und Regulierungsfähigkeit oder Ausgeliefertsein

In der Trauer kann das Erleben von seelischem Leid verbunden sein mit einem Gefühl der bejahenden Hingabe an den Schmerz. Der Schweizer Psychiater C. G. Jung soll einmal von einem Schriftsteller danach gefragt worden sein, worin der Unterschied bestehe zwischen den verschachtelten Gedankengängen seiner an Schizophrenie leidenden Tochter und seinen eigenen eigenwilligen und fantasievollen Gedanken. Er habe darauf geantwortet: »Sie stürzt, während du springst« (zit. nach Pies, 2008).

Die Intentionalität muss sich jedoch nicht nur auf die Bejahung schmerzhafter Empfindungen beziehen. Das bewusste Vermeiden von Schmerz ist häufig ebenfalls ein intentionaler Akt. Trauernde können sich so »Auszeiten« nehmen, wenn leidvolle Gefühle zu intensiv werden. Oder sie unterdrücken gezielt aufkommenden Schmerz, damit sie besser in der Lage sind, sich alltäglichen Verpflichtungen zu stellen. Gerade die Fähigkeit, die eigenen Emotionen zumindest teilweise regulieren zu können, das heißt, je nach Situation zwischen bejahendem Zulassen und bewusstem Vermeiden von schmerzhaften Gefühlen zu pendeln, gilt als wesentliches Merkmal normaler Trauer (Stroebe u. Schut, 1999).

Bei einer Depression fühlen sich Betroffene der negativen Stimmung weitgehend ausgeliefert. Sie werden hineingezogen und erleben die Stimmung als nicht beeinflussbar, auch nicht durch eigene Regulierungsversuche.

Unterschied 4 – Intensives Denken oder pessimistisches Grübeln

Es mag wenig überraschen, dass der Tod eines geliebten Menschen das Denken des Hinterbliebenen stark beherrscht. Wiederkehrende Gedanken kreisen um die Todesumstände und den Verstorbenen. Auch sich aufdrängende Erinnerungen an den Verstorbenen, sorgenvolle Gedanken um die Zukunft ohne ihn gelten als Kennzeichen normaler Trauer. Ebenso normal sind Konzentrationsschwierigkeiten und sprunghaftes Denken.

Eine bestimmte Form intensiver gedanklicher Aktivität ist jedoch typisch für depressive Störungen: Es handelt sich um das depressive Grübeln, auch Rumination genannt. Hierbei kreisen Gedanken ständig auf pessimistische und negative Weise um die eigene Person, die eigenen Gefühle und Probleme sowie deren Ursachen und Folgen.

Heute gibt es deutliche Hinweise darauf, dass depressives Grübeln ein wichtiger Faktor bei der Entstehung von Depression sein kann (Nolen-Hoeksema, Wisco u. Lyubomirsky, 2008). Doch auch im Zusammenhang mit Verlusterfahrungen wird Grübeln als Faktor angesehen, der zu Schwierigkeiten bei der Verlustverarbeitung führen kann (Eisma u. Stroebe, 2017). Es ist aber vom depressiven Grübeln zu unterscheiden, denn es handelt sich um ein kontrafaktisches Nachdenken, bei dem sich Betroffene fragen »Was wäre, wenn …?« oder »Was hätte passieren müssen, damit …?«.

Jamison sagt dazu: »Mein Geist blieb nicht vollkommen klar nach Richards Tod. Davon war ich weit entfernt. Aber meine Verwirrung in der Trauer war anders als jene, die ich während einer Depression erlebt hatte. Ich grübelte in beiden Phasen: Meine Gedanken, immer wiederkehrend und dunkel, drehten sich immer wieder im Kreis und ließen mich daran zweifeln, ob ich jemals wieder kreativ sein könnte, lieben könnte. Doch während einer Depression war jeder einzelne Gedanke nicht nur dunkel, sondern morbid und bestrafend. Das Grübeln der Depression brachte absolut nichts Positives mit sich. Die Trauer war nachsichtiger mit mir. […] Meine Gedanken kreisen nicht um die Sinnlosigkeit des Lebens, sondern darüber, ein Leben schmerzlich zu vermissen. Ein Geist, der Liebe vermisst, ist noch zu Hoffnung fähig« (2011, S. 172).

Unterschied 5 – Intaktes Selbstwertgefühl oder Selbstzweifel und Selbstabwertung

Ein ganz wesentlicher Unterschied zwischen Trauer und Depression betrifft das Selbstwertgefühl der Betroffenen: Hinterbliebene erleben sich zwar in ihrer Identität erschüttert, doch ihr Selbstwertgefühl ist nicht in dem Ausmaß negativ, wie dies für Menschen typisch ist, die an einer Depression leiden.

Bereits Freud hat diesen Unterschied sehr anschaulich herausgearbeitet: »Bei der Trauer ist die Welt arm und leer geworden, bei der Melancholie ist es das Ich selbst. Der Kranke schildert uns sein Ich als nichtswürdig, leistungsunfähig und moralisch verwerflich, er macht sich Vorwürfe, beschimpft sich und erwartet Ausstoßung und Strafe. Er erniedrigt sich vor jedem anderen, bedauert jeden der Seinigen, dass er an seine so unwürdige Person gebunden sei. Er hat nicht das Urteil einer Veränderung, die an ihm vorgefallen ist, sondern streckt seine Selbstkritik über die Vergangenheit aus; er behauptet, niemals besser gewesen zu sein« (Freud, 1917, S. 3).

In der Fußnote der deutschsprachigen Ausgabe des DSM-5 heißt es dazu: »Bei Trauer ist das Selbstwertgefühl in der Regel erhalten, während bei der Episode einer Major Depression

Gefühle der Wertlosigkeit und des Selbsthasses häufig sind. Wenn Selbstvorwürfe bei Trauer vorhanden sind, beziehen sich diese typischerweise auf empfundene Versäumnisse gegenüber dem Verstorbenen (z. B. ihn nicht häufig genug besucht zu haben, ihm nicht gesagt zu haben, wie sehr man ihn geliebt hat)« (Falkai u. Wittchen, 2018, S. 171).

Unterschied 6 – Partiell eingeschränkte Zukunftsperspektive beziehungsweise Hoffnung oder generalisierte Perspektivlosigkeit, Hoffnungslosigkeit

Ein Verlust kann die Lebensperspektive und Identität des Hinterbliebenen so erschüttern, dass zeitweise eine Zukunftsperspektive und ein hoffnungsvoller Blick in die Zukunft fehlen. Dennoch scheint es einen Unterschied zum depressiven Erleben zu geben. In einer depressiven Episode erfassen Perspektivlosigkeit und Hoffnungslosigkeit die Betroffenen umfassender und anhaltender, als dies von Trauernden berichtet wird.

Dazu Jamison: »In den Monaten nach Richards Tod war ich zutiefst unglücklich und verzweifelt, jedoch nie hoffnungslos. […] Sogar in der schlimmsten Zeit meiner Trauer wusste ich ansatzweise, dass […] es irgendwann wieder aufklaren wird. Dieses Vertrauen hatte ich in den gnadenlosen Monaten der Depression nicht« (2011, S. 171 f.).

Unterschied 7 – Beziehungserleben oder umfassendes Abgeschnittensein

Trauernde erleben Phasen von Einsamkeit, können sich aber auch immer wieder mit anderen Menschen verbunden fühlen. Auch die Bindung zum Verstorbenen bleibt für die meisten Trauernden eine Quelle von Gefühlen der Verbundenheit. Menschen mit Depression leiden hingegen gerade daran, die Verbundenheit mit nahestehenden Menschen nicht mehr spüren zu können und sich generell wie abgeschnitten von anderen Menschen zu fühlen.

Jamison drückt es wie folgt aus: »In der Trauer fühlst du die Abwesenheit eines bestimmten Lebens, nicht des Lebens an sich. In der Depression ist das anders: Du fühlst dich vom Leben abgeschnitten« (2011, S. 172).

Unterschied 8 – Nachtoderfahrungen oder Wahnerleben

Immer wieder berichten Hinterbliebene, dass sie intensiv vom Verstorbenen träumen, ihn sehen, hören, seine Anwesenheit spüren oder sogar eine taktile Berührung erleben und sich dabei sicher sind, dass es der Verstorbene ist, der sie berührt. Kennzeichnend für solche Erfahrungen ist, dass sie nicht bewusst hervorgerufen werden können, sondern spontan und für die Betroffenen meist unerwartet auftreten. Diese außergewöhnlichen Erfahrungen beziehen sich immer auf den Verstorbenen und häufig haben sie eine tröstende Wirkung auf die Hinterbliebenen, indem sie zu einem Gefühl von Verbundenheit mit dem Verstorbenen beitragen (Nowatzki u. Kalischuk, 2009).

Wahnvorstellungen und Halluzinationen bei Depressionen sind hingegen selten und kommen nur bei schweren Erkrankungsformen vor. Im Mittelpunkt von solchen außergewöhnlichen Erfahrungen steht meist die depressive Überzeugung des Betroffenen, ein schlechter, schuldiger und von anderen abgelehnter Mensch zu sein.

Unterschied 9 – Todeswunsch: Nachsterben oder vom eigenen Leid befreit sein wollen

Gedanken daran, nicht mehr leben zu wollen, können bei Trauer und Depression gleichermaßen auftreten. Doch die diesem Todeswunsch zugrunde liegende Motivation kann unterschiedlich sein.

In der Fußnote der deutschsprachigen Ausgabe des DSM-5 heißt es dazu: »Wenn der Hinterbliebene über Tod oder Sterben nachdenkt, sind solche Gedanken eher auf den Verstorbenen bezogen und auf den Wunsch, mit dem Verstorbenen wieder ›im Tod vereint‹ zu sein. Bei Episoden der Major Depression richten sich die Gedanken eher auf die Beendigung des eigenen Lebens, da man wertlos sei, das Leben nicht verdiene oder die quälenden depressiven Gefühle nicht mehr ertragen kann« (Falkai u. Wittchen, 2018, S. 171).

Tabelle 1: Unterscheidungsmerkmale im Überblick

	Trauer	Depression
1.	Emotionale Schwingungsfähigkeit	Emotionale Erstarrung
2.	Erleben von Trost	Erleben von Trostlosigkeit
3.	Erleben von Intentionalität	Erleben von Ausgeliefertsein
4.	Intensives Denken	Pessimistisches Grübeln
5.	Intaktes Selbstwertgefühl	Selbstzweifel und Selbstabwertung
6.	Partiell eingeschränkte Zukunftsperspektive und Hoffnung	Generalisierte Perspektiv- und Hoffnungslosigkeit
7.	Beziehungserleben	Erleben eines umfassenden Abgeschnittenseins
8.	Nachtoderfahrungen	Wahnerleben
9.	Todeswunsch als »Nachsterben«	Todeswunsch als Befreiung von Leid

Zusammenfassung

Wenn es um die Abgrenzung von Trauer und Depression geht, können die Unterscheidungsmerkmale Fachkräften und Betroffenen Anhaltspunkte zur Differenzierung geben. Einschränkend muss jedoch gesagt werden, dass sie weitgehend auf klinischen Beobachtungen und Aussagen von Betroffenen beruhen und bis heute in dem Bereich noch viel Forschungsbedarf besteht. Die Personen, die hier ihre persönlichen Erfahrungen einbrachten, sind in der Zeit nach den erlittenen Verlusten nicht depressiv geworden. Bei Betroffenen, die nach einem Verlust eine depressive Episode entwickeln, wird es deutlich schwieriger, zwischen Trauer und Depression zu unterscheiden. Insbesondere zwischen einer niedergeschlagenen Stimmung und einer leichten depressiven Episode wird es vermutlich einen unscharfen Übergangsbereich geben, der nicht nur für Laien, sondern auch für Experten schwer zu differenzieren ist (Hegerl, Althaus u. Reiners, 2005).

3.3 Zwischen Depression und Trauer: Deprimiertheit

Fast die Hälfte aller Menschen erlebt im Zeitraum eines Jahres mehr oder weniger ausgeprägte depressive Symptome. Erkundet man diese mit Hilfe von Fragebögen, so zeigt sich, dass nur bei 12 Prozent ein depressives Syndrom vorliegt, also mehrere depressive Symptome gleichzeitig bestehen, die das Wohlbefinden deutlich beeinträchtigen (Wittchen et al., 2010). Weiterhin erfüllen nur acht Prozent die hier in Kapitel 3.1 vorgestellten Kriterien einer klinischen Depression (Wittchen et al., 2010). Somit scheint es wichtig, sprachlich genau zu unterscheiden, ob jemand mit einer Depression eine klinische Depression im Sinne einer psychischen Erkrankung (und damit Erfüllung der Kriterien des DSM-5 oder ICD-10) meint, ein depressives Syndrom (gleichzeitiges Vorliegen verschiedener relevanter Symptome) oder von depressiven Symptomen im Sinne einer vorübergehenden depressiven Verstimmung, Deprimiertheit oder Niedergeschlagenheit spricht. Denn ist die klinische Depression gemeint, lässt sich diese als psychische Erkrankung von der Trauer abgrenzen. Niedergeschlagenheit oder Deprimiertheit kann hingegen durchaus ein Bestandteil von normaler Trauer sein.

Niedergeschlagenheit oder Deprimiertheit als Teil des normalen Stimmungsspektrums wird häufig als unangenehm erlebt, und viele Menschen versuchen vermutlich, die Stimmung schnell wieder abschütteln. Dennoch kann sie auch als hilfreiche und sinnvolle Reaktion auf bestimmte Umstände angesehen werden (Bonanno et al., 2008; Grawe, 2004; Hell, 2012). Denn ein Verlust an Tatendrang und Interesse kann als unwillkürliches Bremsmanöver angesichts einer unkontrollierbaren Situation verstanden werden. Wenn beispielsweise ein Verlusterlebnis das bisherige Leben erschüttert, zwingen Niedergeschlagenheit und Traurigkeit dazu, sich eine Auszeit zu nehmen und die Aufmerksamkeit nach innen zu richten, anstatt in einen unfruchtbaren und möglicherweise schädlichen Aktionismus zu verfallen. Das erzwungene Innehalten hilft dabei, eigene Überzeugungen, Ziele und Pläne zu überdenken und an die veränderte Lebenssituation anzupassen. Traurigkeit fördert Resignation und Akzeptanz dessen, was nicht zu ändern ist. Hinzu kommt auch noch die wichtige zwischenmenschliche Funktion von Niedergeschlagenheit und Traurigkeit: Sie lösen – zumindest im Idealfall – im Gegenüber Hilfsbereitschaft und Mitgefühl aus.

Dennoch kann aus Deprimiertheit auch eine Depression werden (Hell, 2012). Wie es im Einzelnen genau dazu kommt, hängt von vielen verschiedenen Faktoren ab. Hierzu zählen beispielsweise vorangegangene depressive oder andere psychische Erkrankungen, aktuelle psychosoziale Belastungen (insbesondere jene, die mit Demütigung, Ohnmacht oder Verlust verbunden sind), zurückliegende psychosoziale Belastungen, frühere Verluste oder Traumatisierungen, genetische Veranlagung und neurobiologische Faktoren (Wittchen et al., 2010).

Auch wenn in diesem Zusammenhang noch viele Fragen offen sind, scheint einem Aspekt doch hohe Bedeutung zuzukommen: dem Grübeln. Menschen, die versuchen, mit Hilfe ständigen Grübelns gegen die Veränderungen in ihrem Leben und gegen unangenehme Empfindungen anzukämpfen, denen es schwerfällt, diese als unausweichlich und sinnvoll anzuerkennen, scheinen ein erhöhtes Depressionsrisiko zu haben (Bonanno, Goorin u. Coifman, 2008; Hell, 2012; Nolen-Hoeksema et al., 2008).

3.4 Wichtig für Betroffene

Für Hinterbliebene und deren Angehörige können die obigen Ausführungen hilfreich sein, um das eigene Erleben beziehungsweise die eigenen Beobachtungen für sich selbst besser einordnen und auch gegenüber Dritten genauer beschreiben zu können. Des Weiteren geben die aufgezeigten Unterscheidungskriterien Hinterbliebenen Argumente an die Hand, um gemeinsam mit Ärzten oder Psychotherapeuten zu einer Diagnose gemäß ICD-10 zu finden beziehungsweise diese begründet abzulehnen. Dabei soll an dieser Stelle nochmals deutlich betont werden, dass die Stellung von psychiatrischen Diagnosen Aufgabe von Ärzten, Psychologen und Psychotherapeuten und nur dann gerechtfertigt ist, wenn damit die Verschreibung angemessener Behandlungsverfahren verbunden ist. Aber informierte Betroffene und deren Angehörige können sehr viel besser Einfluss nehmen, denn von ihrer Beschreibung der Beschwerden hängt wesentlich ab, zu welcher Einschätzung eine Fachkraft kommt.

Von zentraler Bedeutung können für Hinterbliebene die Schlussfolgerungen sein, die sich aus der Unterscheidung von Deprimiertheit und Depression sowie der positiven Funktion von Deprimiertheit ergeben, das heißt dem Annehmen der momentanen Stimmungen wie Niedergeschlagenheit. Denn das Akzeptieren dieser unangenehmen, leidvollen Stimmungslagen kann dazu beitragen, der Entstehung einer Depression entgegenzuwirken.

In diesem Zusammenhang formuliert Hell (2012) ganz konkrete Empfehlungen im Umgang mit Deprimiertheit:
- Deprimiertheit und Aktionshemmung möglichst als Herausforderung annehmen,
- sich daran erinnern, wie frühere Belastungen oder Krisen gemeistert beziehungsweise überwunden werden konnten,
- aufkommende negative Gedanken und Gefühle nicht überbewerten, das heißt, sich selbst nicht unnötig schlecht machen,
- den gewohnten Rhythmus (schlafen – wachen, Tagesaktivitäten, Essenszeiten) soweit wie möglich beibehalten, aber alles langsamer angehen (»einen Gang zurückschalten«),
- für den Körper Sorge tragen (sich bewegen, sich pflegen, sich ausgewogen ernähren, Pausen machen),
- einen Ausgleich suchen bei Freunden, mit Angehörigen, beim Sport, in der Natur, in Kunst, Philosophie oder Religion, beim Therapeuten,
- sich bewusst werden: Tränen können entlasten, Wut aktivieren, Ekel und Scham können abgrenzen – bevor die Freude befreit (2012, S. 69).

3.5 Wichtig für Fachkräfte

Viele Fachkräfte, insbesondere Allgemeinmediziner und Trauerberater beziehungsweise Trauerbegleiter, kommen mit Hinterbliebenen in Kontakt und werden mit der Frage konfrontiert, ob die Beschwerden als »normal« oder ab wann sie als behandlungsbedürftig anzusehen sind. In Bezug auf Trauer und Depression können die neun oben aufgeführten Unterscheidungsmerkmale sowie die Unterscheidung von Deprimiertheit und Depression den Fachkräften dazu dienen, ihr eigenes Verständnis von Trauer und Depression zu präzisieren. Damit werden sie gezielter Fragen stellen können und ein klareres Bild der Beschwerden von Hinterbliebenen entwickeln, auf dessen Grundlage sie die Betroffenen entsprechend beraten und gegebenenfalls weiterverweisen können.

3.6 Auf einen Blick

- Die Fähigkeit, zwischen Trauer und Depressionen differenzieren zu können, ist von großer Bedeutung.
- Bei Trauer handelt es sich um eine normale Reaktionsweise auf eine Verlusterfahrung, die in den meisten Fällen weder psychotherapeutische noch medikamentöse Hilfe nötig macht.
- Bei einer Depression handelt es sich um eine ernstzunehmende psychische Erkrankung, die behandlungsbedürftig ist.
- Fachleute in Deutschland bestimmen derzeit anhand des Klassifikationssystems ICD-10, ob bei einer Person eine Depression im Sinne einer psychischen Störung vorliegt oder nicht.
- Trauer und Depression scheinen zum Verwechseln ähnliche Phänomene zu sein. Doch Fachleute können zur Differenzierung neun weitere Unterscheidungsmerkmale heranziehen.
- Niedergeschlagenheit oder Deprimiertheit kann Bestandteil von normaler Trauer sein und als eine hilfreiche und sinnvolle Reaktion auf bestimmte Umstände angesehen werden.

3.7 Literatur

American Psychiatric Association (APA) (2013). Diagnostic and Statistical Manual of Mental Health Disorders, DSM 5 (5th ed.). Washington, D. C.: American Psychiatric Publishing.
Bisconti, T. L., Bergman, C. S., Boker, S. M. (2006). Social support as a predictor of variability: an examination of the adjustment trajectories of recent widows. Psychology and Aging, 21 (3), 590–599.

Bonanno, G. A. (2012). Die andere Seite der Trauer. Verlustschmerz und Trauma aus eigener Kraft überwinden. Bielefeld: Aithesis-Verlag.
Bonanno, G. A., Goorin, L., Coifman, K. G. (2008). Sadness and grief. In M. Lewis, J. M. Haviland-Jones, L. F. Barrett (Eds.), Handbook of emotions (797–806). New York: Guilford Press.
Bonanno, G. A., Kaltman, S. (2001). The varieties of grief experience. Clinical Psychology Review, 21 (5), 705–734.
DGPPN (2013). Wann wird seelisches Leiden zur Krankheit? Zur Diskussion um das angekündigte Diagnosesystem DSM-V. Stellungnahme der Deutschen Gesellschaft für Psychiatrie und Psychotherapie, Psychosomatik und Nervenheilkunde (DGPPN). https://www.palliativpsychologie.de/wp-content/uploads/DGPPN-Stellungnahme_DSM-5_Final.pdf (Zugriff am 08.04.2020).
Eisma, M. C., Stroebe, M. S. (2017). Rumination following bereavement: An overview. Bereavement Care, 36 (2), 58–64.
Falkai, P., Wittchen, H.-U. für die American Psychiatric Association (2018). Diagnostisches und Statistisches Manual Psychischer Störungen DSM-5® (2. Aufl.). Göttingen: Hogrefe.
Frances, A., Pies, R. W., Zisook, S. (2010). DSM-5 and the medicalization of grief: Two perspectives. https://www.psychiatrictimes.com/comorbidity-psychiatry/dsm5-and-medicalization-grief-two-perspectives (Zugriff am 09.08.2019).
Freud, S. (1917). Trauer und Melancholie. Internationale Zeitschrift für Ärztliche Psychoanalyse, 4, 288–301.
Grawe, K. (2004). Neuropsychotherapie. Göttingen: Hogrefe.
Hegerl, U., Althaus, D., Reiners, H. (2005). Das Rätsel der Depression. Eine Krankheit wird entschlüsselt. München: Beck.
Hell, D. (2002). Welchen Sinn macht Depression? Ein integrativer Ansatz. Reinbek: Rowohlt.
Hell, D. (2012). Depression als Störung des Gleichgewichts. Wie eine personbezogene Depressionstherapie gelingen kann. Stuttgart: Kohlhammer.
Jamison, K. R. (2011). Nothing was the same: A memoir. New York: Vintage.
Lamb, K., Pies, R., Zisook, S. (2010). The bereavement exclusion for the diagnosis of major depression: To be, or not to be. Psychiatry (Edgmont), 7 (7), 19–25.
Lund, D., Utz, R., Caserta, M., de Vries, B. (2008). Humor, laughter, and happiness in the daily lives of recently bereaved spouses. OMEGA – Journal of Death and Dying, 58 (2), 87–105.
Nolen-Hoeksema, S., Wisco, B., Lyubomirsky, S. (2008). Rethinking rumination. Perspectives on Psychological Science, 3 (5), 400–424.
Nowatzki, N. R., Kalischuk, R. G. (2009). Post-death encounters: grieving, mourning, and healing. OMEGA – Journal of Death and Dying, 59 (2), 91–111.

Pies, R. (2008). The anatomy of sorrow: a spiritual, phenomenological, and neurological perspective. http://www.peh-med.com/content/3/1/17 (Zugriff am 02.10.2013).

Pies, R. (2010). The 5-minute phenomenologist: A primer for psychiatrists. https://www.psychiatrictimes.com/major-depressive-disorder/5-minute-phenomenologist-primer-psychiatrists (Zugriff am 30.10.2019).

Pies, R., Zisook, S. (2010). DSM5 criteria won't »medicalize« grief, if clinicians understand grief. https://www.psychiatrictimes.com/articles/dsm5-criteria-wont-medicalize-grief-if-clinicians-understand-grief?_EXT_4_comsort=nf (Zugriff am 30.05.202

Shear, K. (2009). Grief and depression: Treatment decisions for bereaved children and adults. American Journal of Psychiatry, 166 (7), 746–748.

Stroebe, M., Schut, H. (1999). The Dual Process Model of coping with bereavement: Rationale and description. Death Studies, 23 (3), 197–224.

Wagner, B. (2013). Komplizierte Trauer. Grundlagen, Diagnostik, Therapie. Berlin/Heidelberg: Springer-Verlag.

Weltgesundheitsorganisation (1993). Internationale Klassifikation psychischer Störungen. ICD-10 Kapitel V (F), Klinisch-diagnostische Leitlinien (2. Aufl.). Bern u. a.: Verlag Hans Huber.

Wittchen, H.-U., Jacobi, F., Klose, M., Ryl, L. (2010) Gesundheitsberichterstattung des Bundes. https://www.rki.de/DE/Content/Gesundheitsmonitoring/Gesundheitsberichterstattung/GBEDownloadsT/depression.pdf?__blob=publicationFile (Zugriff am 31.10.2019).

Wittkowski, J. (2010). Trauer – psychologisch. In H. Wittwer, D. Schäfer, A. Frewer (Hrsg.), Sterben und Tod. Ein interdisziplinäres Handbuch, (S. 197–202). Stuttgart: J. B. Metzler'sche Verlagsbuchhandlung und Carl Ernst Poeschel Verlag.

4 Komplizierte Trauer ist kompliziert

Queen Victoria (1819-1901) regierte von 1837 bis zum Ende ihres Lebens das Vereinigte Königreich von Großbritannien und Irland. Sie wurde dabei maßgeblich von ihrem Ehemann Prinz Albert unterstützt. Die beiden führten eine sehr glückliche Ehe, bis der Prinz 1861 starb (Wienfort, 2014). Die temperamentvolle Königin ging nach dem Tod ihres Ehemanns ganz in ihrer Trauer auf. Sie zog sich aus der Öffentlichkeit zurück, übertrug aber keine ihrer Aufgaben ihrem Thronerben. Für den Rückzug erntete sie enorme Kritik. Denn dieser hatte Einfluss auf die Effizienz der Staatsgeschäfte, das Ansehen der Monarchie litt (Wienfort, 2014). Queen Victoria machte die Witwenschaft zu ihrer Berufung und galt als wunderlich, doch den Vorwurf, dass ihre Trauer krankhaft sei, machte ihr keiner.

Im Gegensatz dazu erleben wir am Trauerzentrum Frankfurt häufig, dass Betroffene schon kurz nach dem Todesfall zu uns kommen und glauben, ihre Trauer könne problematisch sein. Sie sind unsicher, weil sie selbst oder andere der Meinung sind, sie würden zu intensiv und zu lang anhaltend trauern. Häufig bekommen Betroffene gesagt, es sei an der Zeit, wieder nach vorn zu schauen und weiterzumachen. Insbesondere andauernde Niedergeschlagenheit und Sehnsucht sowie sozialer Rückzug und längere berufliche Ausfallzeiten scheinen für Hinterbliebene und Außenstehende Anzeichen zu sein, die auf Probleme hinweisen.

Die Frage, ob und unter welchen Umständen eine Verlustbewältigung problematisch oder sogar krankhaft sein kann, bewegt Betroffene und Praktiker gleichermaßen. Doch auch die Wissenschaft widmet sich dieser Thematik in zahlreichen Studien. Sie gibt Antworten auf Fragen wie zum Beispiel: Was genau ist unter einer klinisch auffälligen Verarbeitung zu verstehen? Mit welchen Begriffen werden problematische Verläufe bezeichnet? Welche alternativen Bezeichnungen sind seit der Überarbeitung der Kataloge DSM[17] und ICD[18] hinzugekommen? Und was sind die Unterscheidungsmerkmale zwischen »normaler«[19] und »nicht mehr normaler« Trauer? In diesem Kapitel stellen wir die wichtigsten Informationen zum Thema aus psychologisch-medizinischer Perspektive vor.

Anschließend nähern wir uns dem Thema aus soziologischer Perspektive. Denn die Auffassung, dass intensivere und länger anhaltende Trauerverläufe als psychische Erkrankungen zu sehen sind, ist nur die derzeit prominenteste Idee, die mit dem Begriff »Komplizierte Trauer« verbunden wird. Die Soziologie kennt alternative Denkansätze und andere Funktionszuschreibungen. Vor diesem Hintergrund ließe sich dann auch die Frage beantworten, warum Frauen im 19. Jahrhundert Queen Victoria nacheiferten und die Witwenschaft zur Berufung machen konnten, während heute solch eine Hingabe als krankhaft eingestuft würde.

---

17 DSM: Diagnostic and Statistical Manual of Mental Disorders. Übersetzt: Diagnostisches und Statistisches Manual psychischer Störungen.
18 ICD: Internationale statistische Klassifikation der Krankheiten und verwandter Gesundheitsprobleme.
19 In Anlehnung an Wagner (2013), somit aus psychologischer Sichtweise, verstehen wir unter »normaler« Trauer die Mehrheit der Trauerverläufe, die keiner speziellen psychotherapeutischen Unterstützung bedürfen und bei deren Vorliegen die Hinterbliebenen auch nicht von psychotherapeutischen Interventionen profitieren.

4.1 Begriffsfindung

Wie soll man das bezeichnen, was passiert, wenn Menschen einen Verlust erleiden und Probleme bei der Verarbeitung entwickeln? In den letzten Jahrzehnten tauchten zahlreiche Begriffe auf wie zum Beispiel abnorme, pathologische, traumatische, problematische, ungelöste Trauer. Im Englischen wird heute überwiegend von Complicated Grief (CG) und Prolonged Grief gesprochen. Im deutschen Sprachgebrauch hat sich der Begriff »Komplizierte Trauer« weitgehend durchgesetzt (Wagner, 2013).[20] Die Schwierigkeit, einen passenden Namen für das Phänomen zu finden, liegt unter anderem darin begründet, dass es schwierig ist, die verschiedenen Ausprägungen, die eine problematische Verarbeitung annehmen kann, unter einen Begriff zu fassen.

Dies ist unter Umständen auch gar nicht möglich. Einige Fachleute vertreten die Auffassung, dass es verschiedene Arten problematischer Entwicklungen gibt, die als Subtypen einzeln zu benennen und voneinander abzugrenzen sind. So kritisiert zum Beispiel Therese Rando (2013), dass die Gleichsetzung von Prolonged Grief Disorder (PGD)[21] mit Komplizierter Trauer dazu führt, dass davon abweichende, jedoch ebenso problematische Entwicklungen (z. B. *conflicted grief*[22], *chronic grief*[23], *delayed grief*[24]) nicht ausreichend Beachtung finden. Zu diskutieren wäre in dem Zusammenhang, ob sich Komplizierte Trauer eventuell als Oberbegriff für die diversen problematischen Entwicklungen eignen würde.

---

20 Aus diesem Grund werden auch wir im weiteren Verlauf diese Bezeichnung verwenden.
21 Mehr zu PGD im Abschnitt »Trauer in der ICD-11«, S. 77f.
22 Übersetzt etwa: ambivalente Trauer.
23 Übersetzt etwa: chronische Trauer.
24 Übersetzt etwa: verzögerte Trauer.

4.2 Komplizierte Trauer – Definitionsversuch

Es zeigt sich also, dass bereits die Begriffsfindung schwierig ist. Ähnlich problematisch ist es, wenn man nach einer umfassenden beziehungsweise differenzierenden Definition von Komplizierter Trauer sucht. In den meisten deutschsprachigen Fachbüchern (z. B. Znoj, 2016; Wagner, 2013) finden sich Beschreibungen von Hauptsymptomen, ein Vorgehen, das auch zur Begriffsbestimmung dienen kann.

In der englischsprachigen Fachliteratur wird ähnlich verfahren. Zusätzlich wird häufig noch die Diagnostik und Differenzialdiagnostik angesprochen. Dabei wird meist aber nur ein spezifisches Konstrukt (das der Prolonged Grief Disorder) beschrieben; andere Varianten einer Komplizierten Trauer, wie zum Beispiel Rando sie benennt, finden keine Beachtung, was als kritisch anzusehen ist.

Letztlich gibt es bis heute keine umfassende Definition, auf die sich die Fachwelt einigen konnte. Kaum verwunderlich, denn Unklarheit herrscht noch allein darüber, welche Art von Trauerverläufen als »normal« angesehen werden können (Boerner, Mancini u. Bonanno, 2013). Sicher ist, »there is no easy way to describe what normal grief consists of because it varies immensely« (Hviid Jacobsen u. Petersen, 2020, S. 214).

Eine der häufig verwendeten, aber eher weiter gefassten Definitionsversuche lautet wie folgt:

[Komplizierte Trauer ist] »ein klinisch auffälliger, von der (kulturellen) Norm abweichender Zustand, den man (auch entsprechend der Verlustumstände) nicht erwarten würde. Er unterscheidet sich hinsichtlich a) der zeitlichen Dauer und der Intensität spezifischer oder allgemeiner Trauersymptome und zeichnet sich b) dadurch aus, dass er nachhaltig in hohem Maße die Funktionsfähigkeit in wesentlichen Lebensbereichen (z. B. soziales Umfeld, Arbeitsplatz) beeinträchtigt« (Stroebe, Hansson, Schut u. Stroebe, 2008, S. 7).

Darüber hinaus ist zu erwarten, dass zukünftig die neue trauerspezifische Diagnose in der ICD-11 zu mehr definitorischer Klarheit beitragen wird.

4.3 Zur Unterscheidung von »normaler« und Komplizierter Trauer

Es ist schwierig, einen Zustand wie Komplizierte Trauer zu definieren, wenn kaum klar ist, was unter einem »normalen« Trauerverlauf zu verstehen ist. Stroebe, Schut und van den Bout (2013) zufolge sind es drei Aspekte, die diskutiert werden, um die beiden Verläufe voneinander abzugrenzen.

a) Die Intensität

Einige Menschen leiden nach einem Verlusterlebnis mehr (oder auch sehr viel weniger) als andere. Das lässt sich beispielsweise anhand von Messverfahren (z. B. standardisierten Fragebögen[25]) erheben. Ob diese Menschen deshalb automatisch an einer Komplizierten Trauer leiden, ist fraglich. Denn die Betroffenen sind mit unterschiedlichen Ausgangssituationen und Herausforderungen konfrontiert (z. B. Todesumstände, Wegfall eines Gehalts), was Auswirkungen auf die Intensität der Trauer haben kann. Inwieweit die erlebte Intensität tatsächlich langfristig als Anhaltspunkt für problematische Verläufe dienen kann, muss noch weiter untersucht werden. Fühlt sich beispielsweise ein Mensch A, dessen Angehöriger ermordet wurde, stark belastet und liegt der Belastungsgrad weit über dem einer Person B, deren Angehöriger an einer Krebserkrankung

---

25 Hierbei sind trauerspezifische Fragebögen gegenüber Fragebögen zur Erfassung ähnlicher Störungsbilder (z. B. Depressionen) zu bevorzugen. Denn die Komplizierte Trauer weist ein eigenständiges Symptomcluster auf (Wagner, 2013).

gestorben ist, heißt das nicht automatisch, dass der Mensch A an Komplizierter Trauer leidet. Hier fehlt es an Referenzwerten, die zuverlässige Aussagen darüber ermöglichen, welches Maß an Belastung unter welchen Umständen normal ist. Denn Studien zeigen, dass zum Beispiel gewaltsame Todesumstände häufig mit einer höheren Belastung einhergehen (Rynearson, Schut u. Stroebe, 2013).

Aktuell wird unter dem Stichpunkt Intensität auch diskutiert, ob Komplizierte Trauer möglicherweise (auch) auf physiologischer Ebene ein ganz eigenständiges Störungsbild darstellt. So hat eine Untersuchung, bei der die Körpertemperatur rund um die Uhr gemessen wurde, ergeben, dass sich bei den Studienteilnehmern, die unter Komplizierter Trauer leiden, ein anderer Rhythmus der Körpertemperatur zeigt. Beispielweise wiesen die von Komplizierter Trauer Betroffenen einen um eine halbe Stunde beschleunigten Verlauf auf, was zu Schlafproblemen führen kann (z. B. frühzeitiges Erwachen) (Monk et al., 2008).

Derzeit stellt die Erforschung der Faktoren, die zu einem mehr oder weniger intensiven Trauererleben führen, eines der zentralen Forschungsthemen innerhalb der internationalen Trauerforschung dar. Dennoch braucht es noch weitere Studien, um zu gesicherten Aussagen zu kommen. Aus diesem Grund scheint es ratsam zu sein, das Merkmal Intensität mit Vorsicht zu betrachten.

b) Die Dauer

Die Dauer der Trauer stellt die Zeitspanne dar, die seit dem Eintritt des Todes vergangen ist. In dieser Zeit können Trauerreaktionen intensiver werden oder auch abnehmen, es können Reaktionen (wieder) hinzukommen oder wegbleiben. Das heißt, die Trauerreaktionen verändern sich mit der Zeit. Doch wie lange dürfen sie anhalten, ohne dass die Betroffenen selbst oder andere meinen, die Trauer habe eine krankhafte Form angenommen?

Von Experten werden häufig Zeiträume zwischen zwei und vierzehn Monaten diskutiert, doch selten darüber hinaus. Dabei wunderte sich schon Bowlby (1980), warum die Menschen so schnell ihre Trauer hinter sich lassen sollten. Seiner Meinung nach dauere die Verlustverarbeitung eher zwei bis drei Jahre lang an. Er warnt davor, Trauer vorzeitig als krankhaft anzusehen (Bowlby, 2006). In einer in Deutschland durchgeführten Studie zum normalen Verlauf der Trauer kamen die Wissenschaftler auch zum dem Ergebnis, dass die akute Trauer länger anhält, als viele annehmen, und dass die Fachkräfte mit der Diagnose einer Komplizierten Trauer eher einen Zeitraum von zwei Jahren in Betracht ziehen sollten (Wittkowski u. Scheuchenpflug, 2015). Das traditionelle Trauerjahr, an das so viele Menschen immer denken, stellt demnach eher einen Mythos dar und entspricht weniger der Realität. Dazu passen auch die Aussagen vieler Betroffener, dass sie nach kurzer Zeit weniger Unterstützung erhielten, sich diese aber weit länger wünschten (Dyregrov, 2009; Kreicbergs, Lannen, Onelov u. Wolfe, 2007).

c) Spezielle Symptomatik

Schon in den 1990er Jahren erklärte ein Expertengremium, dass es keine speziell andersartige Symptomatik gibt, welche unwiderlegbar beweisen könnte, dass eine Person unter Komplizierter Trauer leidet (Wakefield, 2013). Viele Reaktionen wie zum Beispiel Grübeln, Vermeiden, Vermissen und Sehnsucht werden von einer großen Anzahl Trauernder in der akuten Phase nach dem Verlust erlebt, ohne dass diese langfristig Schwierigkeiten bei der Verarbeitung entwickeln. Mit der Überarbeitung der Diagnosekataloge DSM-IV und ICD-10 scheint die Diskussion um das Vorliegen einer speziellen Symptomatik, die eine störungswertige von einer normalen Trauer abgrenzt, vorerst verstummt zu sein. Vielmehr interessieren sich Experten aktuell unter anderem dafür, inwieweit die Forschungsdiagnose des DSM-5 und die Diagnose der

ICD-11, aber auch die Kriterien einer Komplizierten Trauer eine oder unterschiedliche Einheiten darstellen (z. B. Maciejewski, Maercker, Boelen u. Prigerson, 2016; Lenferink u. Eisma, 2018).

4.4 Trauer im DSM-5 und in der ICD-11

Trauer im DSM-5

Mit der Neuauflage des DSM-5 im Jahr 2013 ist ein weiterer Begriff zum Themenfeld Komplizierte Trauer hinzugekommen. Denn das DSM-5 enthält eine trauerspezifische Forschungsdiagnose, die den Namen »Persistent Complex Bereavement Disorder« (PCBD) trägt. Das DSM-5 wurde auch in die deutsche Sprache übersetzt. In Teil III des DSM-5 werden die in der Entwicklung befindlichen Instrumente und Modelle aufgeführt. Dort ist die PCBD unter dem Namen »Störung durch anhaltende komplexe Trauerreaktion« zu finden (Falkai u. Wittchen, 2018). Entscheidend ist, so besagt es die kurzgehaltene Einleitung zu den klinischen Forschungsbildern mit weiterem Forschungsbedarf, dass diese *nicht* zur klinischen Anwendung gedacht sind (Falkai u. Wittchen, 2018).

Im Folgenden stellen wir den genauen deutschsprachigen Wortlaut der Kriterien vor, so wie sie in der Übersetzung von Falkai und Wittchen (2018, S. 1080) zu finden sind:

»A. Die Person ist vom Tod eines Menschen, zu dem eine enge Beziehung bestanden hat, betroffen.

B. Seit dem Todesfall tritt an mehr als der Hälfte der Tage mindestens eines der folgenden Symptome in klinisch bedeutsamer Ausprägung auf. Es besteht bei hinterbliebenen Erwachsenen für mindestens 12 Monate und bei hinterbliebenen Kindern für mindestens 6 Monate fort:

1. Fortbestehende Sehnsucht/Verlangen nach dem Verstorbenen. Bei jüngeren Kindern kann die Sehnsucht durch Spiel und Verhaltensweisen ausgedrückt werden, die das Getrennt- und Wiedervereintsein mit einer Betreuungs- oder Bezugsperson widerspiegeln.
2. Intensive Sorge und emotionaler Schmerz als Reaktion auf den Todesfall.
3. Gedankliches Verhaftetsein mit dem/der Verstorbenen.
4. Übermäßige Beschäftigung mit den Umständen des Todesfalles. Bei Kindern kann die übermäßige Beschäftigung mit dem Verstorbenen durch Themen im Spiel und im Verhalten ausgedrückt werden und sich auf einen möglichen Tod anderer Personen aus dem nahen Umfeld ausweiten.

C. Seit dem Todesfall treten an mehr als der Hälfte der Tage mindestens sechs der folgenden Symptome in klinisch bedeutsamem Ausmaß auf und besteht bei hinterbliebenen Erwachsenen für mindestens 12 Monate und bei hinterbliebenen Kindern für mindestens 6 Monate fort:

Durch einen Todesfall hervorgerufene Belastung:
1. Beträchtliche Schwierigkeiten, den Tod zu akzeptieren. Bei Kindern ist dies abhängig von ihrem kognitiven Vermögen, die Bedeutung und Endgültigkeit des Todes zu verstehen.
2. Unglaube oder emotionale Taubheit über den Verlust.
3. Schwierigkeiten, positive Erinnerungen an den Verstorbenen zuzulassen.
4. Bitterkeit oder Ärger über den Verlust.
5. Dysfunktionale Bewertungen der eigenen Person in Bezug auf den Verstorbenen oder seinen Tod (z. B. Selbstvorwürfe).
6. Übermäßiges Vermeiden von Erinnerungen an den Verlust (z. B. Vermeidung von Personen, Plätzen oder Situationen, die mit dem Verstorbenen verbunden werden; bei Kindern

kann dies beinhalten, dass sie Gedanken und Gefühle in Bezug auf den Verstorbenen vermeiden).

Soziale und Identitätsprobleme:
7. Der Wunsch zu sterben, um bei dem Verstorbenen zu sein.
8. Schwierigkeiten, anderen Personen seit dem Todesfall zu vertrauen.
9. Sich seit dem Todesfall einsam oder von anderen Personen abgetrennt fühlen.
10. Das Gefühl, dass das Leben ohne den Verstorbenen sinnlos und leer ist, oder der Glaube, dass man nicht mehr ohne den Verstorbenen funktionieren kann.
11. Verunsicherung über die eigene Rolle im Leben oder eine verminderte Wahrnehmung der eigenen Identität (z. B. das Gefühl, dass ein Teil von einem selbst mit dem Verstorbenen gestorben ist).
12. Schwierigkeiten oder Widerwillen, seit dem Verlust Interessen zu verfolgen oder Zukunftspläne zu entwickeln (z. B. Freundschaften, Aktivitäten).

D. Die Symptome verursachen in klinisch bedeutsamer Weise Leiden oder Beeinträchtigungen in sozialen, beruflichen oder anderen wichtigen Funktionsbereichen.

E. Die Trauerreaktion ist unverhältnismäßig oder nicht kongruent mit kulturellen, religiösen oder altersentsprechenden Normen.

Exkurs: Wie bereits erwähnt, enthält das DSM-5 keine eigenständige trauerspezifische Diagnose zur klinischen Anwendung. Dennoch wurde eine Änderung vorgenommen, die einschneidende Auswirkungen auf den Umgang mit Trauer hat. So wurde über den Wegfall des Trauerausschlusskriteriums die Diagnose für die Depression erweitert (Wagner, 2019). Damit können Trauernde schon zwei Wochen nach einem Verlust die Diagnose einer Depression erhalten, wenn entsprechende Symptome vorliegen, was als äußerst kritisch anzusehen ist«.[26, 27]

Trauer in der ICD-11

Nach der Überarbeitung des DSM wurde auch die ICD neu aufgelegt. Im Mai 2019 wurde die Neuauflage, die ICD-11, von der 72. Weltgesundheitsversammlung (WHA72) verabschiedet. Noch gibt es keine deutschsprachige Ausgabe. Es ist auch nicht bekannt, wann diese erscheinen wird (Deutsches Institut für Medizinische Dokumentation und Information – DIMDI, 2019). Doch mit der Neuauflage ist nicht nur ein weiterer Begriff zum Themenfeld Komplizierte Trauer hinzugekommen, sondern sogar eine trauerspezifische Diagnose. Sie trägt den Namen »Prolonged Grief Disorder« (PGD). In zahlreichen Beiträgen wird heute schon eine deutsche Übersetzung verwendet: Anhaltende Trauerstörung. Da dies jedoch noch keine offizielle Übersetzung darstellt, werden wir im weiteren Verlauf des Kapitels von Prolonged Grief Disorder (PGD) sprechen.[28]

Eingruppiert wurde die Diagnose unter »Disorders specifically associated with stress« mit der Kodierung 6B42. Der genaue Wortlaut liest sich auf den Seiten der Weltgesundheitsorganisation (WHO, 2019) wie folgt:

---

26 Ausführlichere Darstellungen zur Diskussion bei Wagner (2013; 2019), Fox und Jones (2013), Horwitz und Wakefield (2007).
27 Mehr dazu auch in Kapitel 3.1.
28 Ähnlich verfahren wir mit dem genauen Wortlaut der Diagnose. Wir haben uns aus oben genanntem Grund dafür entschieden, den genauen Wortlaut darzustellen und keine Übersetzung vorzunehmen.

»Prolonged grief disorder is a disturbance in which, following the death of a partner, parent, child, or other person close to the bereaved, there is persistent and pervasive grief response characterized by longing for the deceased or persistent preoccupation with the deceased accompanied by intense emotional pain (e. g. sadness, guilt, anger, denial, blame, difficulty accepting the death, feeling one has lost a part of one's self, an inability to experience positive mood, emotional numbness, difficulty in engaging with social or other activities). The grief response has persisted for an atypically long period of time following the loss (more than 6 months at a minimum) and clearly exceeds expected social, cultural or religious norms for the individual's culture and context. Grief reactions that have persisted for longer periods that are within a normative period of grieving given the person's cultural and religious context are viewed as normal bereavement responses and are not assigned a diagnosis. The disturbance causes significant impairment in personal, family, social, educational, occupational or other important areas of functioning.«

Es ist davon auszugehen, dass zu dieser Beschreibung noch weitere Ausführungen zur Anwendung hinzukommen werden.

Genaue Differenzierung

Für viele Fachkräfte mag die Verwirrung rund um das Thema Komplizierte Trauer nun komplett sein. Denn es sind nicht nur weitere Begriffe zum Themenfeld hinzugekommen, sondern diese müssen sprachlich genau auseinandergehalten werden.

War bis zur Neuauflage der ICD-11 von Komplizierter Trauer die Rede, bezogen sich viele Wissenschaftler, aber auch Fachkräfte auf die Ausführungen und den Diagnosevorschlag (Prolonged Grief Disorder) von Prigerson et al. (1995) sowie Prigerson et al. (2009). Doch dieser Vorschlag wurde vom Expertengremium der WHO für die ICD-11 nicht gänzlich übernommen.

Gleichzeitig hat aber auch das Team um Katherine Shear (Shear et al., 2011) das Thema »Komplizierte Trauer« zu einem seiner Schwerpunktthemen gemacht und Kriterien für das Vorliegen einer Komplizierten Trauer benannt. Diese standen nur nicht so stark im Fokus wie die Arbeiten des Teams rund um die Wissenschaftlerin Holly Prigerson.

Bei genauerer Betrachtung aller Vorschläge lässt sich festhalten, dass sich die Kriterien der PGD nach ICD-11, der PCBD, der PGD nach Prigerson et al. (2009) und einer Komplizierten Trauer nach Shear et al. (2011) ähneln, doch ihre qualitativen Unterschiede scheinen kaum übersehbar zu sein. Aus diesem Grund ist es wichtig zu benennen, auf welche Ausführungen man sich bezieht.

Bei der Betrachtung der PGD nach ICD-11 wird deutlich, dass dabei der Versuch gewagt wurde, weg von reinen Symptomchecklisten hin zu einer eher dimensionalen Einschätzung der Symptomatik zu gelangen. Das heißt, es geht bei der Diagnostik nicht mehr um die Vorlage einer Mindestanzahl von Symptomen, sondern um die Ausprägung typischer Dimensionen wie beispielsweise Kernsymptomen oder Dauer. Für eine solche Entscheidung sprachen die Aspekte klinische Benutzerfreundlichkeit und kulturübergreifende Anwendbarkeit (Killikelly u. Maercker, 2017). Vereinfacht ausgedrückt, glaubte man, so die trauerspezifischen Unterschiede zwischen den betroffenen Personen besser berücksichtigen zu können. Damit wurden aber auch die einst von Prigerson et al. (2009) vorgeschlagenen Kriterien für die PGD in der ICD-11 aufgeweicht. Sie ähneln nun eher den Kriterien einer Komplizierten Trauer, wie sie Shear et al. (2011) vorgeschlagen haben (Mauro et al., 2017).

Es wird zukünftig noch viel Forschung nötig sein, um in diesem Feld mehr Klarheit und Übersichtlichkeit zu erlangen. Insbesondere gilt dies hinsichtlich der Validität der aktuellen ICD-11-Diagnose, ihrer Nützlichkeit und Anwendbarkeit, das betonen selbst Befürworter der (Forschungs-)Diagnose (Killikelly u. Maercker, 2018).[29]

4.5 Prävalenz

Vor dem Hintergrund, dass keine allgemein akzeptierte Definition existiert, sondern verschiedene Bezeichnungen und damit zusammenhängend unterschiedliche Kriterien zur Erfassung problematischer Trauerverläufe, ist es verständlicherweise schwierig, verlässliche Angaben darüber zu machen, wie viele Menschen eine Belastung aufweisen, die sich als klinisch auffällig einstufen lässt. In Deutschland gibt es nur eine repräsentativ angelegte Studie, die sich zu dieser Frage äußert. Bei ihrer Untersuchung kommen Kersting, Brähler, Glaesmer und Wagner (2011) zu dem Ergebnis, dass 3,7 Prozent der in Deutschland lebenden Menschen von einer Komplizierten Trauer betroffen sind.[30] Ebenfalls laut einer repräsentativen Studie sind in den Niederlanden 4,8 Prozent der Allgemeinbevölkerung davon betroffen (Newson, Boelen, Hek, Hofman u. Tiemeier, 2011).[31]

---

29 An dieser Stelle sei auf das Buch »Anhaltende Trauer. Wenn Verluste zur Belastung werden« von Urs Münch (2020) verwiesen, das die Vor- und Nachteile der PGD nach ICD-11 umfassend diskutiert und ebenso auf Aspekte wie zum Beispiel (Differenzial-)Diagnostik und therapeutische Ansätze eingeht. Ebenso sei das Werk von Birgit Wagner (2019) »Psychotherapie mit Trauernden. Grundlagen und therapeutische Praxis« erwähnt, das kurz auf theoretische Grundlagen bzw. die kritische Würdigung der Diagnose eingeht, sich dann aber vor allem Fragen der psychotherapeutischen Praxis bei PGD zuwendet.
30 Verwendet wurde dafür die deutschsprachige Version des Fragebogens »Inventory of Complicated Grief-Revised (ICG-R)«, den ursprünglich Prigerson et al. (1995) entwickelt haben und der somit auch weitgehend die von diesem Team vorgeschlagenen Kriterien abfragt.
31 In dieser Studie wurde die niederländische Version des Fragebogens ICG-R, den ursprünglich Prigerson et al. (1995) entwickelt haben, ver-

Im DSM-5 heißt es, die Anzahl der Menschen, die unter einer Störung durch eine Anhaltende Komplexe Trauerreaktion leiden, liege zwischen 2,4 bis 4,8 Prozent (Falkai u. Wittchen, 2018).

Alle derzeit kursierenden Angaben sind mit Vorsicht zu betrachten. Denn je nach Studie variieren die Angaben stark. Das hängt mit vielen Faktoren zusammen, die in eine Studie einfließen, so zum Beispiel auch mit der Frage, welcher Fragebogen für die Untersuchung verwendet wurde. Beispielsweise kommen Wissenschaftler in der Schweiz zu dem Ergebnis, dass 0,9 Prozent der befragten Teilnehmer betroffen sind, wenn sie den Fragebogen von Prigerson und Jacobs (2001) verwenden, der die von Prigerson et al. (1995) vorgeschlagenen Kriterien abfragt. Fragen sie hingegen die Kriterien von Horowitz, Siegel, Holen, Bonanno, Milbrath und Stinson (1997) ab, dann zeigt sich eine Prävalenz von 4,2 Prozent (Forstmeier u. Maercker 2007). Insgesamt ist zu vermuten, dass der Anteil der Hinterbliebenen, die an einer Komplizierten Trauer leiden, nicht unwesentlich ist. Lundorff, Holmgren, Zachariae, Farver-Vestergaard und O'Connor (2017) sprechen in ihrer Studie von einer unter zehn betroffenen Erwachsenen. Dennoch steht eine Antwort hinsichtlich gesicherter und vergleichbarer Prävalenzraten in Bezug auf die verschiedenartigen Konstrukte problematischer Verarbeitungsprozesse aus.

4.6 Risikofaktoren

Die Mehrheit der Menschen, die einen Verlust erleiden, hat bei der Verarbeitung keine Probleme. Nur eine Minderheit entwickelt Schwierigkeiten. Es gibt eine Reihe von Risikofaktoren, die

---

wendet und somit ebenso wie in der Studie in Deutschland die von diesem Team vorgeschlagenen Kriterien abgefragt.

dazu beitragen könnten, dass Betroffene als Folge eines Verlustes Probleme entwickeln. Aufbauend auf einer Untersuchung von Burke und Neimeyer (2013) lassen sie sich in sechs verschiedene Kategorien einordnen.

a) Personenbezogene Hintergrundvariablen

Es gibt Faktoren, die Menschen im Fall eines Verlustes nicht ändern können. Dazu zählt ebenso das Geschlecht wie auch die Herkunft. Beides kann Einfluss auf die Verlustverarbeitung haben. Eine Studie, in der Eltern zum Unfalltod ihres Kindes befragt wurden, stellte fest, dass Männer und Frauen gleich stark unter dem Verlust leiden. Doch Frauen haben ein höheres Risiko, Probleme bei der Verlustverarbeitung zu entwickeln (Spooren, Henderick u. Jannes, 2000). Auch im DSM-5 geht man von einem erhöhten Risiko bei Frauen aus, an einer PCBD zu erkranken (Falkai u. Wittchen, 2018).

Ob ethnische Minderheiten oder andere Kulturen intensiver trauern oder eine größere Wahrscheinlichkeit haben, im Verlaufe der Verlustverarbeitung Probleme zu entwickeln, lässt sich nicht eindeutig sagen. Da es Belege für beide Fälle gibt, muss dieser Aspekt noch eingehender untersucht werden.

b) Verlust- und Todesumstände

Menschen, die einen Angehörigen durch gewaltsame Umstände (vor allem Mord) verlieren, leiden meist intensiver unter dem Verlust als Betroffene, deren Angehöriger durch eine natürliche Ursache verstorben ist (Heeke, Kampisiou, Niemeyer u. Knaevelsrud, 2019). Doch nur selten lässt sich allein aufgrund der Todesumstände rückschließen, ob jemand auch unter Komplizierter Trauer leiden wird. So zeigte sich zwar, dass Angehörige, die eine Person durch einen Autounfall verloren haben, kurz nach dem Tod stärker litten als Menschen, deren Angehöriger sich zum Beispiel selbst getötet hat. Doch nach 14 Monaten verschwand dieser Effekt wieder (Cleiren, 1993). Es scheint so zu sein, dass verschiedene mit dem Verlust zusammenhängende Faktoren Einfluss auf die Trauer haben können. Den Toten am Tag der Beerdigung zu sehen oder zu wissen, auf welche Weise sich jemand getötet hat, führt nicht zu stärkerer Trauer. Doch den entstellten Körper zu sehen, kann ein Risikofaktor sein.

c) Beziehung zum Verstorbenen

Um Menschen, die uns nahestehen, trauern wir intensiver. Witwen/Witwer und Eltern, die ein Kind verloren haben, trauern häufig stärker als Personen, die einen anderen Angehörigen verloren haben. Sie haben ein höheres Risiko, Probleme zu entwickeln. All diese Annahmen werden durch viele Studien belegt. Doch es gibt Untersuchungen, die nahelegen, auch mit diesen Annahmen vorsichtig umzugehen. So haben Erwachsene, die ihren Partner verloren haben, ein erhöhtes Risiko emotional zu vereinsamen, doch sie erleben nicht unbedingt eine stärkere Trauer (van der Houwen, Stroebe, Stroebe, Schut, van den Bout u. Wijngaards-de Meij, 2010). War die Partnerschaft jedoch von großer Abhängigkeit geprägt, so ist die Wahrscheinlichkeit höher, dass Probleme auftreten.

d) Intrapersonelle Faktoren

In diese Kategorie fallen verschiedene Aspekte: Bindungsverhalten, Grad an emotionaler Stabilität, Sinnfindung und negative Einstellungen sich selbst, dem Leben, der Zukunft und den eigenen Trauerreaktionen gegenüber. Werten Menschen sich und ihre Trauer stark ab oder sind sie emotional labil, dann ist es wahrscheinlicher, dass sie Probleme entwickeln. Dies ist auch der Fall, wenn sie stetig über Sinn, Zweck und Konsequenzen des Verlustes grübeln (Nolen-Hoeksema, 1991). Können Menschen hingegen den Verlust sinnvoll in ihr Leben integrieren, dann scheinen sie besser damit zurechtzukommen. Erst seit Kurzem wird eingehender untersucht, wie sich das Bindungsverhalten auf die Trauer auswirkt. So scheinen Menschen, die eher unsicher/vermeidend oder ängstlich gebunden sind, unter größeren Problemen zu leiden als Menschen, die einen eher sicheren Bindungsstil aufweisen (Schenck, Kiersten u. Jeffrey, 2016). Auch dem Grübeln[32] kommt in den aktuellen Studien größere Bedeutung bei der Entwicklung von Schwierigkeiten zu.

e) Religion und Weltsicht

Es gibt nur wenige und sehr widersprüchliche Aussagen zu diesen beiden Risikofaktoren. Einerseits litten Personen, die sehr gläubig waren und einen Schwangerschaftsabbruch haben vornehmen lassen, stärker als Personen, die nicht religiös oder spirituell waren (Burke u. Neimeyer, 2013). Andererseits fanden Eheleute, die schon vor dem Tod des Partners gläubig waren, viel Trost in ihrem Glauben. Interessanterweise scheint die Überzeugung, dass diese Welt ein lebenswerter Ort ist, an dem es grundsätzlich gerecht zugeht, eine Annahme zu sein, die zu einem resilienten Trauerverlauf beiträgt (Bonanno et al., 2002).

f) Interpersonelle Faktoren

Menschen, die sozial gut einbettet sind und über lange Zeit viel Unterstützung erhalten, entwickeln seltener ernsthafte Probleme nach einem Verlust. Diese Ansicht ist durch eine Reihe von Studien belegt (z. B. Vanderwerker u. Prigerson, 2004). Dennoch scheint es darauf anzukommen, wie die gemeinsame Zeit genutzt wird und mit wem Betroffene diese verbringen (Gamino, Sewell u. Easterling, 1998). Denn nicht jede Unterstützung empfinden Betroffene als hilfreich.

Bislang sind noch viele Fragen hinsichtlich der Risikofaktoren offen. Dennoch legt die aktuelle Studienlage derzeit nahe, dass es

---

32 Auch Ruminieren genannt (siehe dazu auch Kapitel 3.2).

keine einfachen kausalen Zusammenhänge gibt, sondern zahlreiche Faktoren die Verlustverarbeitung beeinflussen. Fachkräfte tun entsprechend gut daran, alle Aspekte im Auge zu behalten, wenn möglich sogar schon vor Versterben des Angehörigen, denn dann kann frühzeitig Unterstützung angeboten werden.[33]

4.7 Komplizierte Trauer aus soziologischer Perspektive

Der eigentliche Grund, warum Menschen trauern, ist zwischenmenschlicher Natur. Menschen sind soziale Wesen und besitzen die Fähigkeit, Beziehungen einzugehen (Parkes, 1972). Beziehungen existieren aber nicht in einem Vakuum. Genauso wie die Beziehung zu Lebzeiten wird auch der Verlust einer Bezugsperson beziehungsweise die Verlustverarbeitung in hohem Maße etwa vom familiären und sozialen Umfeld, der eigenen Biografie und der Kultur, in der ein Mensch lebt, beeinflusst (Jakoby, 2012). Somit halten viele Soziologen die Idee, Trauer als individuellen Prozess zu betrachten, der sich in zwei binäre Kategorien einteilen lässt, »normal« und »krankhaft«, für eine zu starke Vereinfachung. Sie wird dem komplexen Geschehen und dem Zusammenspiel von so vielen Faktoren nicht gerecht.[34]

---

33 Auf ein eigenes Unterkapitel zum Thema Therapieansätze bei Komplizierter Trauer verzichten wir an dieser Stelle. Dieses Thema wird umfassend von Münch (2020) und Wagner (2019) dargelegt. Kritisch anmerken möchten wir aber, dass die aktuell untersuchten Therapieansätze sich vielfach nur auf den innerpsychischen Prozess beziehen. Soziale oder auch wirtschaftliche Faktoren, die Betroffene schwer belasten können, stehen nicht im Fokus der Ansätze, ebenso wenig wie diesbezüglich entsprechende Unterstützungsansätze.
34 Darüber hinaus betonen Soziologen wie etwa Thompson (2020), dass der soziale Kontext nicht einfach den Hintergrund darstellt, vor dem die psychologischen Prozesse ablaufen bzw. Menschen Erfahrungen machen.

Colin Murray Parkes, ein Psychiater aus Großbritannien, sagte einmal, dass Komplizierte Trauer sehr kompliziert sei (Parkes, 2014). Dieser (scheinbar tautologischen) Aussage würden wohl viele Soziologen zustimmen, die sich mit dem Thema Trauer beschäftigen.

Jede Gesellschaft fürchtet die Themen Sterben, Tod und Trauer und versucht aus diesem Grund, sie zu kontrollieren (Foote u. Frank, 1999). In den westlichen Industrienationen, die sich einem Steigerungszwang unterordnen (Rosa, 2012), in dem Merkmale wie Individualisierung, Säkularisierung, Mobilität und familiäre Auflösungsprozesse zu beobachten sind (Jakoby, 2012) und Werte wie Funktionalität, Rationalität und Effizienz gelebt werden (Granek, 2017), ist es kaum verwunderlich, dass dazu übergegangen wurde, Trauer zu medikalisieren[35].

Über die Medikalisierung wird versucht, das Thema Trauer zu kontrollieren. Denn vereinfacht ausgedrückt ließe sich behaupten, dass Trauer als Zustand angesehen wird, der die Wachstumsprozesse behindert und die allgemeine Geschäftigkeit oder auch Geschäftstüchtigkeit stört. Aus diesem Grund müssen Betrof-

---

Vielmehr sind Individuum und Gesellschaft eins. So lebt der Mensch nicht nur in der Gesellschaft, sondern die Gesellschaft lebt auch in ihm (Thompson, 2020). Deutlich wird dies z. B., wenn Menschen ihren Wohnsitz in ein anderes Land verlegen und sich den neuen kulturellen Gegebenheiten anpassen müssen (z. B. als Frau nicht Auto fahren zu dürfen). Dies fällt nicht immer leicht. Die von Thompson vorgeschlagene erweiterte Perspektive der Beziehung von Individuum–Gesellschaft zueinander ist interessant, denn sie kann dazu beitragen, dass Probleme weniger, wie im Moment üblich, vom Gesamtkontext isoliert, also individuell betrachtet werden, sondern dass der Gesamtkontext mit in den Fokus gerät (Hviid Jacobsen u. Petersen, 2020). Eine solche Betrachtungsweise kann dazu beitragen, dass die menschlichen Erfahrungen (wie z. B. Trauer) nicht zu stark vereinfacht dargestellt werden (Thompson, 2020).

35 Von einer Medikalisierung wird gesprochen, wenn Zustände und Probleme, die aus medizinischer Sicht früher als nicht behandlungsbedürftig angesehen wurden, auf einmal als medizinische Probleme (d. h. Krankheiten) eingestuft werden (Conrad u. Slodden, 2013).

fene, das soziale Umfeld und die Fachkräfte darauf achten, dass sie selbst beziehungsweise die Trauernden schnellstmöglich wieder funktionieren, um wieder Teil des Wertschöpfungskreislaufs zu werden[36]. So betrachtet, scheint es kaum verwunderlich, dass die vereinfachende Idee einer Komplizierten Trauer als Gegensatz zu normalen Trauerverläufen nahezu widerspruchslos angenommen wurde und auch die psychologisch-medizinische Perspektive, die Trauer als einen überwiegend individuellen, innerpsychischen Prozess ansieht, kaum in Frage gestellt wird. Dabei liefert Letztere jedoch nur eine mögliche Perspektive, aus welcher sich das Thema Komplizierte Trauer betrachten lässt. Aufbauend auf den Ausführungen von Walter (2006) stellen wir nachfolgend einige Ansätze vor, welche die Idee und Funktion der Komplizierten Trauer anders einordnen.

Komplizierte Trauer ist ein individueller psychopathologischer Prozess

Diese Idee wurde in den bisherigen Ausführungen umfassend dargestellt. Auffällig ist, dass sie externe Faktoren (wie z. B. soziale Unterstützung) nur insofern in den Blick nimmt, wie sie den innerpsychischen Prozess fördern oder gefährden. Es wird nicht infrage gestellt, ob es sich überhaupt um einen innerpsychischen Prozess handelt. Ein solches Vorgehen scheint in der Medizingeschichte jedoch keine Seltenheit zu sein, tauchen doch Krankheitskonstrukte (z. B. Krebs, Schizophrenie) häufig lange Zeit auf, bevor die biopsychosozialen Vorgänge hinlänglich verstanden wurden.

---

36 Nach Rosa (2019) ließe sich sogar behaupten, dass die Trauer eine Bedrohung darstellt. Denn die Steigerungsperspektive verkehrt sich zunehmend in ihr Gegenteil. Die Menschen sind nicht getrieben von Gier. Sie haben vielmehr die Angst vor dem Immer-Weniger, wenn sie nicht besser, schneller, effizienter werden.

Komplizierte Trauer ist die Idee einer normsetzenden Medizin

Im 19. Jahrhundert wurden Verluste und die darauffolgende Trauer als menschliches Unglück wahrgenommen, aber nicht als mentale Erkrankung (Stroebe, van Son, Stroebe, Kleber, Schut u. van den Bout, 2000). Lindemann (1944) war einer der Ersten, die bei der Beschreibung des Verarbeitungsprozesses Begriffe der Psychiatrie verwendeten. Damit geriet das Thema Trauer vor allem in den westlichen Gesellschaften in den Fokus dieser Fachdisziplin. Deren grundsätzliche Aufgabe besteht darin, zwischen »normal« und »störungswertig« zu unterscheiden (Foucault, 1973). Dieser Mechanismus wurde schlichtweg auf das Thema Trauer übertragen. Erstaunlich ist, dass bis heute Fachkräfte und Wissenschaftler, die nicht dieser Fachdisziplin angehören, dieser Einordnung kaum Kritik entgegenbringen. Stattdessen ist zu beobachten, dass sie dieser Einteilung grundsätzlich folgen – auch in Deutschland.

Komplizierte Trauer ist eine organisatorische Notwendigkeit

In den Industrienationen sterben jährlich zahlreiche Menschen und lassen Millionen Trauernde zurück. Organisationen und Institutionen, die sich um die Hinterbliebenen kümmern, können aufgrund ihrer begrenzten Ressourcen kaum alle Betroffenen unterstützen. Sie benötigen Kriterien, anhand derer sie unterscheiden können, wer Hilfe benötigt und wer nicht. Heutzutage werden die Risikofaktoren beziehungsweise die Symptomatik einer Komplizierten Trauer vielfach zur Unterscheidung herangezogen. Sprich, es wird denen geholfen, die als besonders belastet oder gefährdet gelten (Aoun, Breen, Howting, Rumbold, McNamara u. Hegney, 2015). Gleiches gilt, wenn eine Fachkraft feststellt, dass eine Person mehr benötigt als ein einfühlsames Gespräch. Also auch im Hinblick der Weiterleitung, zum Beispiel an einen psychologischen Psychotherapeuten, werden diese Kriterien herangezogen. Dass dieser jedoch überhaupt seine

Leistungen bei der Krankenkasse abrechnen kann, setzt den Nachweis über das Vorliegen einer speziellen Symptomatik voraus, die eine Behandlung notwendig macht. Somit könnte die Idee der Komplizierten Trauer als eine praktische Notwendigkeit angesehen werden, weil sie als Unterscheidungsmöglichkeit dient, um die knappen Ressourcen gezielt einsetzen zu können.

Komplizierte Trauer ist ein kulturelles Konzept

In der Ausgabe der Zeitschrift »Brigitte« vom 4. Dezember 2019 war die Überschrift zu lesen: »Die neue Gefühlsdiktatur. Wenn Gefühle unser Leben zu stark bestimmen«. Obwohl die Idee der Komplizierten Trauer in der Psychiatrie ihren Ursprung hat und überwiegend nur von Trauerfachkräften diskutiert wird, zeigt diese Überschrift sehr schön, dass alle Gefühle, nicht nur diejenigen, die auf eine Verlustreaktion folgen kann, durch gesellschaftliche Normen gerahmt werden. Das gilt ganz allgemein für alle Bereiche des menschlichen Lebens. Somit konnte und kann niemand einfach so trauern, wie er oder sie möchte. Jede Gesellschaft verfügt über Normen und Vorstellungen, die beinhalten, was unter angemessener und akzeptabler Trauer verstanden wird (Walter, 1999). Im Fall eines Verlustes sind es aktuell vor allem die Kriterien Intensität, Dauer und fehlende Funktionsfähigkeit, anhand derer im DSM-5 und in der ICD-11 geurteilt wird. Doch scheint in der Gesellschaft insgesamt ein Zuviel an Gefühl nicht gewünscht zu sein, wie die Überschrift der »Brigitte« vermuten lässt. Damit lassen sich auch verlustbezogene Normen, die ein kurzes und nicht zu intensives Trauererleben nahelegen, leichter akzeptieren.

Komplizierte Trauer dient der innerfamiliären Kontrolle

In den meisten Fällen sind es nicht die Psychiater, Psychologen oder Trauerfachkräfte, die regulierend in Trauerprozesse eingreifen. In der Regel geschieht das durch das familiäre oder soziale Umfeld. Denn obwohl allgemeingültige Normen und Vorstellungen hinsichtlich des Traueraudrucks und der Verlustverarbeitung existieren, heißt das nicht, dass es keine Unterschiede gibt und sich alle Personen daran halten. Insbesondere innerhalb von Familien können andere als die allgemein akzeptierten gesellschaftlichen Regeln gelten oder ein Familienmitglied verarbeitet den Verlust nach seinen ganz eigenen Vorstellungen. So erhalten viele Fachkräfte auf die Frage, warum sich ein Betroffener an sie wendet, häufig die Antwort: »Weil meine Familie mir gesagt hat, ich soll mir Hilfe suchen. Sie findet, dass es so mit mir nicht weitergehen kann.« Antworten dieser Art können als Regulierungsversuch verstanden werden beziehungsweise als Aufforderung, das wenig angepasste Verhalten abzulegen.

Komplizierte Trauer dient als politisches Instrument

Die Idee der Komplizierten Trauer kann auch eine politische Dimension beinhalten. Werden Menschen in Staaten wie etwa dem Iran oder China verhaftet und »verschwinden« sie danach, als hätte es sie nie gegeben, so entscheiden sich einige Angehörige dafür, so lange ihre Trauer zu zeigen und öffentlich an den Verstorbenen zu erinnern, bis ihr Unrecht anerkannt und aufgearbeitet wird. Sie setzen ihre Trauer für ein höheres Ziel ein und kämpfen für eine gerechtere Gesellschaft, wie es zum Beispiel der Fall ist bei den argentinischen Großmüttern der Plaza de Mayo (Howe, 2006). Ihr Trauerprozess würde dabei sicher die Kriterien einer Prolonged Grief Disorder erfüllen. Doch auch Politikern kann die Idee als politisches Instrument dienen. So könnten sie das langjährige Trauern einfach als krank oder gestört einstufen und bekämen Widerständler so wieder unter Kontrolle.

Komplizierte Trauer als Resultat der Risikogesellschaft

Beck (1992) hat die fortgeschrittene Moderne als Risikogesellschaft bezeichnet. In seinen Ausführungen erklärt er, dass diese Gesellschaft versucht, jedes Risiko frühzeitig zu entdecken und zu eliminieren, damit Sicherheit, Wohlstand und Glück gesicherte Konstanten darstellen. Dazu passt die Idee, dass problematische Trauerverläufe frühzeitig entdeckt und behandelt werden sollten (Prigerson u. Jacobs, 2001). Leiden wird in solch modernen Gesellschaften nicht akzeptiert. Eine Wissenschaft, die alles Leiden anhand von Algorithmen voraussagen kann und die entsprechenden Experten für die Behandlung ausbildet, ist in solchen Gesellschaften sehr willkommen. Somit ließe sich behaupten, die fortgeschrittene Moderne mit ihrem Streben nach Sicherheit und Kontrolle habe die Idee einer Komplizierten Trauer womöglich erst hervorgebracht.

Zusammenfassung

Die bisherigen Ausführungen machen deutlich, dass die unterschiedlichsten Kräfte einer Gesellschaft (z. B. Wissenschaft, Politik, Medizin, Allgemeinbevölkerung) ein Interesse an der Idee der Komplizierten Trauer haben können. Dabei würden einige Teile der Gesellschaft diese Idee fördern, andere sich ihr entgegenstellen oder eine neutrale Position einnehmen. Es wurde deutlich, dass derartige Konstrukte, wie auch das Trauern selbst, keine Konstanten darstellen, obwohl sie immer als solche behandelt werden (Jakoby, 2012). Stattdessen werden die bloße Existenz einer Komplizierten Trauer wie auch Teilannahmen immer wieder von Neuem zwischen allen in einer Gesellschaft vorhandenen Kräften ausgehandelt.

Ausblick

Diese sozialkonstruktivistischen Ausführungen stellen eine der möglichen Perspektiven einer Soziologie des Trauerns dar. Es bleibt zu hoffen, dass die soziologischen Perspektiven zukünftig stärker in den Trauerdiskurs einfließen, damit allzu eindimensionale Darstellungen erweitert und vor allem die Begleitung und Beratung Trauernder neu verortet werden können. Das könnte für Trauerfachkräfte von wesentlicher Bedeutung sein, denn im Moment zeigt sich, dass die neue Diagnose Prolonged Grief Disorder in der ICD-11 bei vielen Fachkräften Widerstand hervorruft (Dietl, Wagner u. Fydrich, 2018). Es entsteht der Eindruck, als hätten sie Angst davor, ihre Deutungshoheit an psychologische und ärztliche Psychotherapeuten abtreten zu müssen.

Sicher ist, dass sie zukünftig ihr Tätigkeitsfeld genauer definieren und stärker professionalisieren müssen. Doch unter Einbezug soziologischer Ansichten dürften die Ängste vor einer zunehmenden Bedeutungslosigkeit unbegründet sein. Denn eine Gesellschaft, die den Wandel fürchtet und Sicherheiten erzwingen möchte, kann erheblich von Menschen profitieren, die im Umgang mit den existenziellen Fragen des Lebens geschult sind und deren Angebote insbesondere die sozialen und weniger die psychologisch-medizinischen Aspekte bei der Verarbeitung in den Vordergrund stellen.

4.8 Auf einen Blick

- Komplizierte Trauer ist ein kompliziertes Thema.
- Es gibt keine Definition von Komplizierter Trauer, auf die sich die Fachwelt bislang einigen konnte.
- Eine genaue Unterscheidung zwischen PGD nach ICD-11, PCBD, PGD nach Prigerson et al. (2009) und einer Komplizierten Trauer nach Shear et al. (2011) ist notwendig.
- Auch Befürworter sagen, es brauche noch mehr Forschung hinsichtlich der Nützlichkeit und Anwendbarkeit der neuen trauerspezifischen Diagnose in der ICD-11.
- Zahlreiche Faktoren wirken auf die Entstehung von Komplizierter Trauer ein.
- Viele Soziologen halten die Idee, Trauer als individuellen Prozess zu betrachten, der sich in zwei binäre Kategorien

einteilen lässt, »normal« und »krankhaft«, für eine zu starke Vereinfachung.
- Komplizierte Trauer und Trauer allgemein sind wandelbare Konstrukte.
- Es braucht einen holistischen Blick auf das Thema Trauer.

4.9 Literatur

Aoun, S. M., Breen, L. J., Howting, D. A., Rumbold, B., McNamara, B., Hegney, D. (2015). Who needs bereavement support? A population based survey of bereavement risk and support need. PLoSONE 10 (3).

Beck, U. (1992). Risikogesellschaft. Auf dem Weg in eine andere Moderne (9. Aufl.). Frankfurt a. M.: Suhrkamp.

Boerner, K., Mancini, A. D., Bonanno, G. (2013). On the nature and prevalence of complicated patterns of grief. In M. Stroebe, H. Schut, J. van den Bout (Eds.), Complicated grief. Scientific foundations for health care professionals (S. 55–67). London/New York: Routledge.

Bonanno, G. A., Wortman, C. B., Lehman, D. R., Tweed, R. G., Harin, M., Sonnega, J. et al. (2002). Resilience to loss and chronic grief: A prospective study from preloss to 18-months postloss. Journal of Personality and Social Psychology, 83 (5), 1150–1174.

Bowlby, J. (1980). Attachment and loss. Loss – sadness and depression (Vol. 3). London: Hogarth Press: Institute of Psycho-Analysis.

Brigitte (2019). Die neue Gefühlsdiktatur. Wenn Gefühle unser Leben zu stark bestimmen. 4.12.2019, 26.

Bundesverband Trauerbegleitung e. V. Qualitätsstandards »Trauerprozesse im Rahmen von Beratung und Psychotherapie« (Befähigungskurs für Trauerbegleitung in spezifischen Berufsgruppen). https://bv-trauerbegleitung.de/standards/trauerbegleitung-in-spezifischen-berufsgruppen/ (Zugriff am 27.01.2020).

Burke, L. A., Neimeyer, R. A. (2013). Prospective risk factors for complicated grief: a review of the empirical literature. In M. Stroebe, H. Schut, J. van den Bout, Complicated Grief. Scientific foundations for health care professionals, London/New York: Routledge.

Cleiren, M. (1993). Bereavement and adaption: A comparative study of the aftermath of death. Washington: Taylor & Francis.

Conrad, P., Slodden, C. (2013). The medicalization of mental disorder. In C. S. Aneshensel, J. C. Phelan, A. Bierman (Eds.), Handbook of the sociology of mental health (pp. 61–73). Dordrecht: Springer Netherlands.

Deutsche Hospiz- und PalliativVerband e. V. (DHPV e. V.) (2017). Trauer und Trauerbegleitung. https://www.dhpv.de/aktuelles_detail/items/dhpv-broschuere-zu-trauer-und-trauerbegleitung.html (Zugriff am 10.02.2020).

Deutsches Institut für Medizinische Dokumentation und Information (DIMDI) (2019). https://www.dimdi.de/dynamic/de/klassifikationen/icd/icd-11/ (Zugriff am 25.11.2019).

Dietl, L., Wagner, B., Fydrich, T. (2018). User acceptability of the diagnosis of prolonged grief disorder: How do professionals think about inclusion in ICD-11? Journal of Affective Disorder, 229, 306–313.

Dyregrov, K. (2009). The important role of the school following suicide in Norway. What support do young people wish that school could provide. OMEGA – Journal of Death and Dying, 59 (2), 147–161.

Falkai, P., Wittchen, H.-U. für die American Psychiatric Association (2018). Diagnostisches und Statistisches Manual Psychischer Störungen DSM-5® (2. Aufl.). Göttingen: Hogrefe.

Foote, C., Frank, A. (1999). Foucault and therapy: The discipline of grief. In A. Chambon, A. Irving, L. Epstein (Eds.), Reading Foucault for social work (pp. 157–187). New York: Columbia University Press.

Forstmeier, S., Maercker, A. (2007). Comparison of two diagnostic systems for complicated grief. Journal of Affective Disorders, 99 (1–3), 203–211.

Foucault, M. (1973). Wahnsinn und Gesellschaft: eine Geschichte des Wahns im Zeitalter der Vernunft, Frankfurt a. M.: Suhrkamp.

Fox, J., Jones, K. D. (2013). DSM-5 and bereavement: The loss of normal grief? Journal of Counseling and Development, 91 (1), 113–119.

Gamino, L. A., Sewell, K. W., Easterling, L. W. (1998). Scott & White Grief Study: An empirical test of predictors of intensified mourning. Death Studies, 22 (4), 333–355.

Granek, L. (2017). Is grief a disease? The medicalization of grief by the Psy-Disciplines in the Twenty-First Century. In N. Thompson, G. R. Cox (Eds.), Handbook of the sociology of death, grief, and bereavement (pp. 264–277). London/New York: Routledge.

Heeke, C., Kampisiou, C., Niemeyer, H., Knaevelsrud, C. (2019). A systematic review and meta-analysis of correlates of prolonged grief disorder in adults exposed to violent loss. European Journal of Psychotraumatology, 10 (1) 1–20.

Horowitz, M. J., Siegel, B., Holen, A., Bonanno, G. A., Milbrath, C., Stinson, C. H. (1997). Diagnostic criteria for complicated grief disorder. American Journal of Psychiatry, 154 (7), 904–910.

Horwitz, A. V., Wakefield, J. C. (2007). The loss of sadness. How psychiatry transformed normal sorrow into depressive disorder. Oxford: University Press.

Howe, S. E. (2006). The madres de la plaza de mayo: Asserting motherhood; rejecting feminism? Journal of International Women's Studies, 7 (3), 43–50.

Hviid Jacobsen, M., Petersen, A. (2020). Grief in an individual society: A critical corrective to the advancement of diagnostic culture. In M. Hviid Jacobsen, A. Petersen (Eds.), Exploring grief. Towards a sociology of sorrow. Abingdon (Oxon), New York: Routledge.
Jakoby, N. R. (2012) Grief as a social emotion: Theoretical perspectives. Death Studies, 36 (8), 679–711.
Kersting, A., Brähler, E., Glaesmer, H., Wagner, B. (2011). Prevalence of complicated grief in a representative population-based sample. Journal of Affective Disorders, 131 (1–3), 339–343.
Killikelly, C., Maercker, A. (2018). Prolonged grief disorder for ICD-11: The primacy of clinical utility and international applicability. European Journal of Psychotraumatology, 8 (6), 1–9.
Kreicbergs, U. C., Lannen, P., Onelov, E., Wolfe, J. (2007). Parental grief after losing a child to cancer: Impact of professional and social support on long-term outcomes. Journal of Clinical Oncology, 25 (22), 3307–3312.
Lenferink, L. I. M., Eisma, M. C. (2018). 37,650 ways to have »persistent complex bereavement disorder« yet only 48 ways to have »prolonged grief disorder«. Psychiatric Research, 261, 88–89.
Lindemann, E. (1944). Symptomatology and management of acute grief. American Journal of Psychiatry, 101, 141–148.
Lundorff, M., Holmgren, H., Zachariae, R., Farver-Vestergaard, I., O'Connor, M. (2017). Prevalence of prolonged grief disorder in adult bereavement: A systematic review and meta-analysis. Journal of Affective Disorders, 212, 138–149.
Maciejewski, P. K., Maercker, A., Boelen, P. A., Prigerson, H. G. (2016). »Prolonged grief disorder« and »persistent complex bereavement disorder«, but not »complicated grief«, are one and the same diagnostic entity: An analysis of data from the Yale Bereavement Study. World Psychiatry, 15 (3), 266–275.
Mauro, C., Shear, M. K., Reynolds, C. F. III et al. (2017). Performance characteristics and clinical utility of diagnostic criteria proposals in bereaved treatment-seeking patients. Psychological Medicine, 47 (4), 608–615.
Monk, T. H., Begley, A. E., Billy, B. D., Fletcher, M. E., Germain, A., Mazumdar, S., Moul, D. E., Shear, M. K., Thompson, W. K., Zarotney, J. R. (2008). Sleep and circadian rhythms in spousally bereaved seniors. Chronobiology International, 25 (1), 83–98.
Münch, Urs (2020). Anhaltende Trauer. Wenn Verluste auf Dauer zur Belastung werden. Göttingen: Vandenhoeck & Ruprecht.
Nolen-Hoeksema, S. (1991). Responses to depression and their effects on the duration of depressive episodes. Journal of Abnormal Psychology, 100 (4), 569–582.
Newson, R. S., Boelen, P. A., Hek, K., Hofman, A., Tiemeier, H. (2011). The prevalence and characteristics of complicated grief in older adults. Journal of Affective Disorder, 132 (1–2), 231–238.

Parkes, C. M. (1972). Bereavement. Studies of grief in adult life. London: Tavistock.
Parkes, C. M. (2014). Diagnostic criteria for complications of bereavement in the DSM-5. Bereavement Care, 33 (3), 113–117.
Prigerson, H., Frank, E., Kasl, S., Reynolds, C. F. III, Anderson, B., Zubenko, G. S., Houck, P. R., George, C. J., Kupfer, D. J. (1995). Complicated grief and bereavementrelated depression as distinct disorders: Preliminary empirical validation in elderly bereaved spouses. American Journal of Psychiatry, 152 (1), 22–30.
Prigerson H. G., Horowitz, M. J., Jacobs, S. C., Parkes C. M., Aslan, M., et al. (2009). Prolonged grief disorder: Psychometric validation of criteria proposed for DSM-V and ICD-11. PLoS Med 6 (8).
Prigerson, H. G., Jacobs, S. C. (2001). Traumatic grief as a distinct disorder: a rationale, consensus criteria, and a preliminary empirical test. In M. S. Stroebe, R. O. Hansson, W. Stroebe, H. Schut (Eds.), Handbook of bereavement research (pp. 613–645). Washington, D. C.: APA.
Rando, T. A. (2013). On achieving clarity regarding complicated grief: lessons from clinical practice. In M. Stroebe, H. Schut, J. van den Bout, Complicated Grief. Scientific foundations for health care professionals, London/ New York: Routledge.
Rosa, H. (2012). Beschleunigung. Die Veränderung der Zeitstrukturen in der Moderne (9. Aufl.). Frankfurt a. M.: Suhrkamp.
Rosa, H. (2019). Unverfügbarkeit (5. Aufl.). Wien/Salzburg: Residenz Verlag.
Rynearson, E. K., Schut, H., Stroebe, M. (2013). Complicated grief after violent death: identification and intervention. In M. Stroebe, H. Schut, J. van den Bout, Complicated Grief. Scientific foundations for health care professionals, London/New York: Routledge.
Schenck, L. K., Kiersten, M. E., Jeffrey, A. R. (2016). Insecure attachment styles and complicated grief severity: Applying what we know to inform future directions. In OMEGA – Journal of Death and Dying, 73 (3), 231–249.
Shear, K. M., Simon, N., Wall, M., Zisook, S., Neimeyer, R. et al. (2011). Complicated grief and relates bereavement issues for DSM-5. Depression and Anxiety, 28 (2), 103–117.
Spooren, D. J., Henderick, H., Jannes, C. (2000). Survey description of stress of parents bereaved from a child killed in a traffic accident. OMEGA – Journal of Death and Dying, 42 (2), 171–185.
Stroebe, M. S., Hansson, R. O., Schut, H., Stroebe, W. (2008). Bereavement research. Handbook of bereavement research and practice. Advances in Theory and Practice. Washington D. C.: American Psychological Association.
Stroebe, M., Schut, H., van den Bout, J. (2013). Complicated grief. Scientific foundations for health care professionals. London/New York: Routledge.
Stroebe, M., van Son, M., Stroebe, W., Kleber, R., Schut, H., van den Bout, J. (2000). On the classification and diagnosis of pathological grief. Clinical Psychology Review, 20 (1), 57–75.

Thompson, N. (2020). The social context of loss and grief. In D. L. Harris (Ed.), Non-death loss. Context and clinical implications. London/New York: Routledge.
Van der Houwen, K., Stroebe, M., Stroebe, W., Schut, H., van den Bout, J., Wijngaards-de Meij, L. (2010). Risk factors for bereavement outcome: A multivariate approach. Death Studies, 34 (3), 195–220.
Vanderwerker, L. C., Prigerson, H. G. (2004). Social support and technological connectedness as protective factors in bereavement. Journal of Loss and Trauma, 9 (1), 45–57.
Wagner, B. (2013). Komplizierte Trauer. Grundlagen, Diagnostik, Therapie. Berlin/Heidelberg: Springer-Verlag.
Wagner, B. (2019). Psychotherapie mit Trauernden. Grundlagen und therapeutische Praxis. Weinheim/Basel: Beltz.
Wakefield, J. C. (2013). Is complicated grief/prolonged grief a disorder? Why the proposal to add a category of complicated grief disorder to the DSM-5 is conceptually and empirically unsound. In M. Stroebe, H. Schut, J. van den Bout, Complicated grief. Scientific foundations for health care professionals, London/New York: Routledge.
Walter, T. (1999). On bereavement: The culture of grief. Buckingham: Open University Press.
Walter, T. (2006). What is complicated grief? A social constructionist perspective. OMEGA – Journal of Death and Dying, 52 (1), 71–79.
WHO (2019).ICD-11 Coding Tool. https://icd.who.int/ct11/icd11_mms/en/release (Zugriff am 13.05.2020).
Wienfort, Monika (2014). Verliebt, Verlobt, Verheiratet. Eine Geschichte der Ehe seit der Romantik. München: C. H. Beck.
Wittkowski, J., Scheuchenpflug, R. (2015). Zum Verlauf »normalen« Trauerns. Verlusterleben in Abhängigkeit von seiner Dauer. Zeitschrift für Gesundheitspsychologie, 23 (4), 169–176.
Znoj, H. (2016). Komplizierte Trauer (2. Aufl.). Göttingen: Hogrefe.

5 Wenn Kinder trauern – Elternschaft in sorgenvollen Zeiten

Unter Mitarbeit von Miriam Sitter

Die Sorgen von Eltern um ihr trauerndes Kind[37], das einen nahestehenden Menschen durch den Tod verloren hat, sind so vielfältig wie die Trauer selbst: Die einen fühlen sich beispielsweise unbehaglich, weil sie meinen, dass sie zu wenig wissen, um in dieser Zeit alles richtig machen zu können. Die anderen belastet die Frage, ob der Verlust ihrem Kind nicht auf lange Sicht gesundheitlich schadet. Darüber hinaus werden Eltern/-teile (Bezugspersonen)[38] mit derartigen Sorgen zu einer Zeit konfrontiert, in der auch sie mit Traurigkeit, Verzweiflung oder Einsamkeit umzugehen haben, denn der Verlust betrifft häufig auch sie selbst.

---

37 In diesem Beitrag werden von uns ausschließlich Kinder fokussiert, die nach § 7 Abs. 1 SGB VIII noch nicht 14 Jahre alt sind. Diese Fokussierung geschieht vor dem Hintergrund, dass kindliche Trauer von jugendlicher Trauer differenziert zu betrachten ist. Trauernde Jugendliche sind aufgrund ihrer Lebensphase (insbesondere der Phase der Adoleszenz) als eine Klientel mit einem anderen Unterstützungsbedarf zu berücksichtigen, der hier jedoch nicht fokussiert wird.

38 Wir verwenden in diesem Kapitel die Begriffe »Eltern« und (hinterbliebenes) »Elternteil« synonym, denn Kinder können nicht nur einen Elternteil verlieren. Da nicht alle Kinder nur bei ihren Eltern bzw. einem Elternteil aufwachsen, sondern auch von anderen Personen unterstützt werden, fassen wir die Begriffe »Eltern« und (hinterbliebenes) »Elternteil« weiter und subsumieren darunter auch Pflegeeltern, Großeltern oder Geschwister. Alternativ sprechen wir im Zusammenhang mit letztgenannter Personengruppe auch von Bezugspersonen.

Dass Kinder und hinterbliebene Elternteile beidseitig intensiv von Trauer betroffen sind, ist allerdings nicht selbstverständlich. So haben insbesondere »Scheidungskinder« das Gefühl, der geschiedene, hinterbliebene Elternteil trauere gar nicht richtig, »zumindest nicht so wie ich«. Welche diversen Familienleben und -konstellationen auch vorliegen mögen, viele hinterbliebene Elternteile eint das Gefühl einer von Hilflosigkeit geprägten aber notwendigen Verantwortungsübernahme in sorgenvollen Zeiten. Denn kaum »etwas ist wichtiger für die Eltern, als dass es den Kindern gut geht und ihnen das Leben gelingt« (Husebø, 2005, S. 8).[39]

Wenden sich Erwachsene in diesen Verlustzeiten an trauerspezifische Einrichtungen, so suchen sie in der Regel primär nach einer Unterstützung für ihr Kind. Dass sie selbst Hilfe benötigen könnten, scheint ihnen kaum bewusst zu sein. In vielen Einrichtungen Deutschlands, die sich ganz auf die Unterstützung von Kindern spezialisiert haben, scheint die Wichtigkeit der psychischen und körperlichen Funktionsfähigkeit der Erwachsenen, aber vor allem auch die Aufrechterhaltung der elterlichen (Erziehungs-)Kompetenz ebenfalls unterschätzt zu werden. Darauf lassen zumindest zahlreiche Angebote schließen, die vordergründig Kinder als Betroffenengruppe adressieren. Der Unterstützung eines hinterbliebenen Elternteils wird folglich geringere Priorität eingeräumt.

Das ist erstaunlich, denn zahlreiche Interventionsstudien weisen darauf hin, dass die Unterstützung der Eltern positive Auswirkungen auf die Verlustverarbeitung der Kinder hat (Bergman, Axberg u. Hanson, 2017). Dyregrov und Dyregrov (2013) gehen im Rahmen ihrer Studien zu Komplizierter Trauer im Kindesalter sogar so weit zu sagen, dass es wesentlich bedeut-

---

39 Gestützt wird diese Aussage durch zahlreiche Studien, z. B. Kim, Huang, Sherraden und Clancy, 2017.

samer ist, die Fortführung elterlicher Kompetenz nach einem Partner- oder Kindesverlust sicherzustellen, als eine direkte Hilfe für die Kinder anzubieten.

Aus diesem Grund werden im weiteren Verlauf des Kapitels auch weniger die Aspekte zu kindlicher Trauer betrachtet, die inzwischen recht gut erforscht sind. Dazu gehören vor allem die kognitiven Konzepte von Kindern zum Tod (z. B. Wagner, 2013), die Reaktionsweisen der Kinder auf einen Verlust (z. B. Silverman u. Worden, 1992), die gesundheitlichen Konsequenzen für Kinder bei früh erlebten Verlusten (z. B. Lytje u. Dyregrov, 2019) und der grundsätzliche Umgang mit trauernden Kindern (z. B. Dyregrov, 2008). Vielmehr widmen wir uns deshalb erstens der Bedeutung, die der Familie einschließlich ihrer Dynamik bei der Verlustverarbeitung zukommt. Da ein gesundheitlich und emotional gestärkter Elternteil für die Verlustverarbeitung der Kinder entscheidend zu sein scheint (Cipriano u. Cipriano, 2019), wird zweitens der Blick darauf gerichtet, wie Elternteile (sowie weitere erwachsene Bezugspersonen) in der sorgenvollen Zeit gestärkt werden können, damit sie für das Kind verlässlich da sein können.

5.1 Der Einfluss der Familiendynamik auf die Trauer von Kindern und umgekehrt

Das Familienleben und ihre vorzufindende Konstellation sowie (Dis-)Harmonie tragen zweifelsfrei zum Trauererleben aller Beteiligten bei. So trauert beispielsweise kein Kind isoliert, sondern immer im Zusammenspiel mit anderen Familienmitgliedern, die ebenfalls den Verlust erfahren haben. Die Bewältigung des Todes eines nahestehenden Angehörigen vollzieht sich demnach sowohl auf einer individuellen als auch auf einer familiären Ebene (Kissane, Zaider, Li u. Del Gaudio, 2013). Was ein trauerndes Kind also persönlich bewegt, wirkt zurück auf das Familienklima, und dieses wiederum kann die Verlustbearbeitung des Kindes und der anderen beeinflussen – mal in förderlicher, mal in hinderlicher Weise. Aus genau diesem Grund verweisen Stroebe und Schut (2015) im Rahmen ihres erweiterten Dualen Prozessmodells auf die Bedeutsamkeit, die Familiendynamik in ihrem Einfluss auf das Trauerverhalten aller Beteiligten genauer zu betrachten.

Ein Rückblick auf das grundlegende Duale Prozessmodell der Bewältigung von Verlusterfahrungen (DPM)

Stroebe und Schut legten bereits 1999 eine »weitreichende Systematik zur Beschreibung von Verlustprozessen« vor (zit. nach Müller u. Willmann, 2016, S. 47). Sie machten deutlich, dass Trauerarbeit mehr ist »als nur die konfrontative Auseinandersetzung mit der Situation und den Gefühlen« (zit. nach Müller u. Willmann, 2016, S. 45) und vor allem, dass sie »dosiert« (Stroebe u. Schut, 1999, S. 220) werden muss. Ihr Duales Prozessmodell der Bewältigung von Verlusterfahrungen beschreibt, wie vor allem trauernde Erwachsene und Kinder[40] zwischen einer verlustorientierten und einer wiederherstellungsorientierten Bewältigung hin- und herpendeln, also oszillieren. Dies bedeutet, dass sie sich mit dem Verlust auseinandersetzen (bzw. mit den verlustorientierten Stressoren) und unter anderem sogenannte »Trauerarbeit« leisten, wie es bereits Freud (1917) formulierte. Dazu gehört etwa, dass Kinder erfahren, welche Vor-

---

40 Das Duale Prozessmodell wurde allgemein konzipiert, um Menschen in ihrem Trauerprozess besser verstehen zu können. Mit der Erweiterung des DPM um die Familienperspektive (DPM-R) kann implizit rückgeschlossen werden, dass das DPM auch große Aussagekraft für die Verarbeitungsprozesse von Kindern hat. Erste empirische Hinweise in diese Richtung sind vielversprechend (z. B. Wigginton, 2016), doch weitere Untersuchungen zur Bestätigung der Annahme stehen noch aus.

stellungen und Gedanken schmerzen, wie es sich anfühlt, ohne die verstorbene Person den Alltag zu gestalten und wie unerträglich es sein kann, auf den Friedhof zu gehen und mit Erinnerungen zu leben.

Ein Beispiel: So berichtet ein achtjähriger Junge, dass er nicht gern an das Grab seines Vaters auf dem Friedhof geht, aber seine Mutter dorthin begleitet, wenn sie beispielsweise neue Blumen aufs Grab legen möchte. Auf die Frage, was er in diesen Momenten empfindet, antwortet er: »Na ja, da mach ich nur Quatsch«. Auf die Nachfrage, wie dieses Quatsch-Machen aussieht und welche Gründe es hat, antwortet er: »Da passiert halt nichts.« Im weiteren Gespräch stellt sich heraus, dass er eine große Hoffnungslosigkeit auf dem Friedhof verspürt, die ihm nicht guttut. Wenige Wochen später berichtet auch die Mutter in einem Einzelgespräch, dass der Besuch des Grabes auf dem Friedhof immer »ein Akt mit ihm« sei. Denn ihr Sohn wolle eigentlich nicht mitkommen. Das letzte Mal habe sie extra ihre Eltern mitgenommen in der Hoffnung, dies sei leichter für ihn, weil er sich dann mit Oma und Opa, die er sehr gern hat, ein wenig unterhalten könne. Der Junge entschied sich an genau diesem Tag, im Auto sitzen zu bleiben und auf sie alle zu warten. Die Mutter akzeptierte dies, berichtete aber später, dass ihr dieses Verhalten Sorgen bereite, weil sie nicht wisse, was es bedeutet und wie sie damit umgehen kann.

Doch sowohl trauernde Erwachsene als auch Kinder sind keineswegs nur auf den Verlust und die damit verbundenen Gefühle, Gedanken und Vorstellungen konzentriert. Sie müssen auch die Neugestaltung des alltäglichen Lebens bewältigen, das heißt, sie setzen sich mit wiederherstellungsorientierten Stressoren auseinander. Diese Neuausrichtung des Lebens kann große Herausforderungen mit sich bringen. Da sie durch den Verlust entstanden sind, werden die damit zusammenhängenden Stressoren auch als »sekundäre Stressoren« (Stroebe u. Schut, 2010) bezeichnet. Sie sind also nicht unmittelbar auf den Verstorbenen und die damit verbundene Auseinandersetzung bezogen, sondern eher auf Stressoren in Situationen, die entstehen, weil das Leben weitergeht und ohne die verstorbene Person bewältigt werden muss (Müller u. Willmann, 2016).

Insbesondere bei Kindern zeigt sich diese wiederherstellungsorientierte Bewältigung darin, dass Kinder eine Lösung für sich finden, die verstorbene Person auf andere Weise in ihren Alltag zu integrieren und sich genau damit an die Lebensänderung ohne die Bezugsperson zu gewöhnen. Hier spielen unter anderem die Versuche hinein, sich von der Trauer abzulenken, neue Dinge zu unternehmen und neue Aufgaben und Rollen zu übernehmen.

Ein Beispiel: Eine Neunjährige, die ihre Mutter infolge einer Krebserkrankung verloren hat und eine Trauergruppe im LÖWENZAHN-Zentrum für trauernde Kinder und Jugendliche e.V. besucht, berichtet, dass sie bald regelmäßig zum Klettern gehen werde. Vor einer Woche habe ihre Freundin sie mal mitgenommen und da habe sie festgestellt, dass Klettern Spaß macht. Sie müsse sich jetzt nur noch für einen Wochentag entscheiden und dies mit ihrem Papa abklären, damit er sie immer hinbringen kann. Sie berichtet im Weiteren, dass sie das »auf alle Fälle« machen werde und es sogar sein könne, dass sie dann mit LÖWENZAHN aufhören müsse. Denn ein Klettertermin finde auch immer dann statt, wenn »wir die Gruppe haben«.

Hier wird erkennbar, wie das Mädchen nicht nur Freude an einem neuen Hobby findet, sondern wie es entlang des Umgangs mit wiederherstellungsorientierten Stressoren sogar zulassen kann, sich zeitnah von der Trauergruppe zu verabschieden.

Das erweiterte Duale Prozessmodell (DPM-R)[41] im Hinblick auf die Rolle der Familie

Die beiden Beispiele zeigen, wie sehr kindliche Trauer im Kontext von Familie stattfindet, ausgehandelt wird und offensichtlich auch ausgehandelt werden muss. So sind die Mutter und die Großeltern des achtjährigen Jungen schließlich allein zum Grab gegangen, während der Junge im Auto saß. In weiterführenden Gesprächen mit der Mutter stellte sich heraus, dass sie den Gang zum Grab ihres verstorbenen Ehemannes an diesem Tag noch »unglücklicher als er sowieso schon ist« erlebte. Die weiterführenden Gespräche mit ihrem Sohn wiederum ergaben, dass er an die Grabbesuche in der Zukunft gar nicht denken mag. Verlust- sowie wiederherstellungsbezogene Stressoren lassen sich insofern nicht nur auf einer individuellen Ebene (also von Sohn oder Mutter) erklären, sondern durchaus auch auf einer familiären und damit sich wechselseitig beeinflussenden Ebene. Stroebe und Schut (2015) geben diesbezüglich zu verstehen, dass verlust- sowie wiederherstellungsbezogene Stressoren auf Familienebene sich immer auf *gemeinsam erfahrene* Angelegenheiten in der Familie beziehen, die wiederum die Verlustverarbeitung der Familie als Ganzes – und folglich ihrer einzelnen Mitglieder – betreffen (s. dazu Abb. 1).

Angewandt auf das Beispiel mit dem achtjährigen Jungen lässt sich mit dem erweiterten DPM-R-Modell somit erklären, dass der Besuch auf dem Friedhof eine verlustorientierte Bewältigung auf der Familienebene einschließt. Denn sowohl Mutter als auch Sohn werden dabei mit der Realität des Verlustes konfrontiert. In diesem Kontext werden beide vor dem Besuch des Friedhofs miteinander gesprochen haben und sie beide sind schließlich gemeinsam mit

---

41 Die Bezeichnung stellt die verkürzte deutsche Übersetzung des Modells namens »Dual Process Model–Revised (DPM-R): Individual- and Family-Level Coping« dar – siehe dazu Stroebe und Schut (2015).

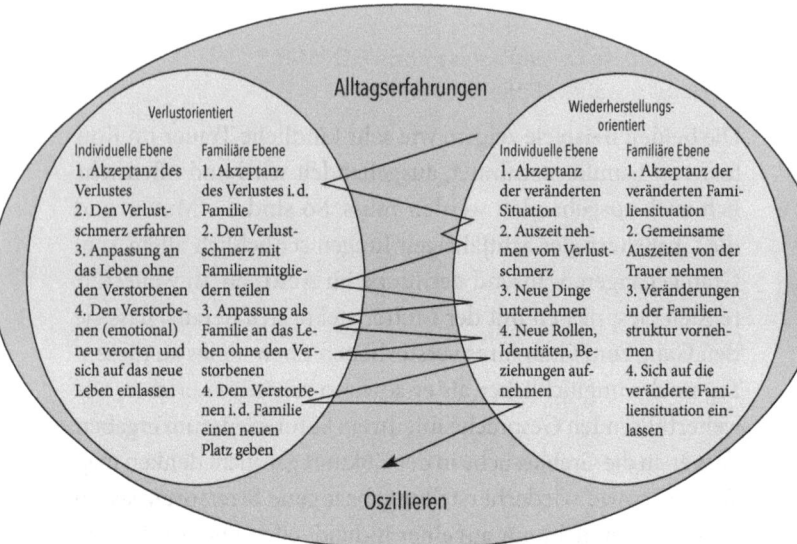

Abbildung 1: Dual Process Modell–Revised (DPM-R). Individual- and Family-Level Coping (Quelle: Stroebe u. Schut, 2015, S. 875)

den Großeltern losgefahren, um Blumen am Grab niederzulegen. Sowohl Mutter als auch Sohn müssen sich also auf der Familienebene mit dem Stressor auseinandersetzen, den Verlust konfrontativ in der Familie zu verarbeiten. Die damit verbundenen Gefühle halten Mutter und Sohn nun aber unterschiedlich aus; das heißt, sie besitzen beide unterschiedliche emotions- und problemorientierte Bewältigungsstrategien (Stroebe u. Schut, 2010), die dazu führen, dass der Sohn auf der individuellen Ebene die Verlustverarbeitung nicht durch den Friedhofsbesuch und demnach anders praktizieren möchte als seine Mutter. Die Bewältigung des Verlustes auf Familienebene kann folglich, laut Stroebe und Schut (2010), die Akzeptanz des Verlustes sowohl auf individueller als auch auf familiärer Ebene unterstützen oder aber erschweren. In diesem Fall erschwerte der familiäre Besuch auf dem Friedhof die persönliche Bewältigungsstrategie des Jungen. Gleichzeitig unterstützte ihn die Mutter in seinem Trauerverhalten verständnisvoll und wertschätzend, indem sie seinen Wunsch, im Auto zu warten, akzeptierte. Der Sohn wiederum übte mit seiner Entscheidung, im Auto zu bleiben, einen beeinträchtigenden Einfluss auf die Trauerbewältigung der Mutter aus. Konsequenzen, die sich infolge solcher Praktiken ergeben, wie beispielsweise, dass der Junge an zukünftige Besuche gar nicht denken mag, können folglich nicht nur auf individueller Ebene erklärt werden. Sie sind schließlich immer auch ein Resultat von Auseinandersetzungen und Konflikten, die sich im Kreise einer trauernden Familie ereignen.

Weitere Herausforderungen auf Familienebene stellen sich ein, wenn beispielsweise der hinterbliebene Elternteil nach dem Tod des (Ehe-)Partners einen neuen Lebenspartner findet; insbesondere Kinder erleben dies als große Herausforderung (Werner-Lin u. Biank, 2012). In solchen Situationen zeigt sich, dass die wiederherstellungsorientierte Bewältigung des Verlustes in der Familie enorm irritiert werden und zeitgleich die verlustorientierte Bewältigung aufs Neue herausfordern kann.

So berichtet eine Zwölfjährige, die eine Trauergruppe am LÖWENZAHN-Zentrum für trauernde Kinder und Jugendliche e.V. besucht, von ihren Sorgen und unguten Gefühlen, wenn der neue Lebenspartner der Mutter im Haus ist. Sie kann es »nicht ertragen«, dass er Dinge in die Hand nimmt, die der verstorbene Vater in der Hand hatte. Und überhaupt ist es für sie »nicht zu ertragen«, wenn er am Wochenende für längere Zeit da ist. Denn ihn zu sehen, bedeutet für das Mädchen, sich unweigerlich (wieder) mit der Tatsache auseinandersetzen zu müssen, dass der Vater verstorben ist: »Wenn er nicht da wäre, dann würde Papa noch leben«.

Hier zeigt sich, inwiefern der familiäre Stressfaktor, den Verlust in der Familie zu bewältigen, Konsequenzen für die verlustorientierte Bewältigung des Kindes nach sich zieht. Neue Dinge zu unternehmen und sich an die Lebensänderung anzupassen, bedeutet für die Mutter, inzwischen auch aufgeschlossen für einen neuen Partner zu sein. Die Tochter kann dies nur schwer akzeptieren und berichtet immer wieder davon, wie sehr sie den neuen Partner hasst. Gleichzeitig aber hat sie ein schlechtes Gewissen ihrer Mutter gegenüber, denn sie möchte doch schließlich, »dass sie wieder glücklich ist«. Während es der Mutter also auf einer wiederherstellungsorientierten Ebene gelingt, sich wieder zu verabreden und Freude an dem Zusammensein mit einem neuen Partner zu empfinden, erzeugt dies Probleme auf verlustorientierter Seite bei der Tochter.

5.2 Es gibt Risiko- und immer auch Schutzfaktoren

Die Verarbeitung verlust- und wiederherstellungsorientierter Stressoren auf Familienebene ist zweifelsfrei mit Risiko- und Schutzfaktoren verbunden. Risiko- und Schutzfaktoren sind besonders in der Resilienzforschung und -förderung ein zentrales Thema. »Im Unterschied zu Risikofaktoren, die sich relativ leicht ermitteln lassen, weil sie körperliche oder psychische Krankheiten« (Richter-Kornweitz, 2011, S. 243) nach sich ziehen, »ist es schwieriger die Existenz von Schutzfaktoren (protektive Faktoren) im Sinne von Ressourcen nachzuweisen« (Richter-Kornweitz, 2011, S. 243). Interessanterweise sind Eltern sich dieser Schutzfaktoren oftmals selbst kaum bewusst.

Dyregrov und Dyregrov (2013) haben diese Schutzfaktoren, neben Risikofaktoren, im Rahmen ihrer Auseinandersetzung mit den Hintergründen für Komplizierte Trauer im Kindesalter in mehreren internationalen Studien herausgefiltert. Sie liefern damit eine sinnvolle Ergänzung zu jenen Risiko- und Schutzfaktoren, die in der Kindheits- sowie Resilienzforschung und besonders in der Auseinandersetzung mit trauernden Kindern bereits diskutiert werden (dazu auch Stokes, 2007). Eine Vielzahl an Faktoren, so formulieren Dyregrov und Dyregrov (2013), kann das Risiko erhöhen oder verringern, dass ein Kind nach einem Verlust Probleme entwickelt.[42]

Risikofaktoren

In dem Maße, in dem ein Tod zu massiven Veränderungen im täglichen Umfeld des Kindes führt, steigt die Möglichkeit negativer gesundheitlicher Gefahren. So stellt beispielsweise die finanzielle Lage der Familie einen grundsätzlichen Risikofaktor dar, der weitere negative Auswirkungen nach sich ziehen kann. Ändert sich die finanzielle Situation der Familie, kann es sein, dass sie aus Kostengründen umziehen muss. Ein Umzug wiederum hat Konsequenzen für die Kinder. Sie könnten den regelmäßigen Kontakt zum Freundeskreis verlieren und müssten eventuell auch die Schule wechseln.

Die Erwachsenen werden in dieser Zeit selbst mit einer Reihe neuer Verantwortlichkeiten und zusätzlichen Aufgaben konfrontiert, so dass sie weniger Zeit für ihre Kinder finden. Auch in emotionaler Hinsicht sind sie schließlich weniger verfügbar als sonst, weil auch sie belastet sind und Schutzräume für sich suchen müssen. »Alles in allem kann dies zu einer verminderten Kapazität der Eltern führen« (Dyregrov u. Dyregrov, 2013).

Dyregrov und Dyregrov verweisen im Weiteren auf die Studien von Brown et al. (2008) zu traumatischer Trauer in der Kindheit; in diesen wurde festgestellt, dass die (traumatische) Trauer der Kinder 21 Monate nach einem Verlust stark mit den emotionalen Reaktionen der Betreuungsperson zum Zeitpunkt des Todes sowie dem Grad der Traurigkeit im Haushalt zusammenhängt. Dabei wird nachvollziehbar, wie verlustorientierte

---

42 An dieser Stelle sei darauf verwiesen, dass der Verlust eines Eltern- oder Geschwisterteils ohnehin ein Risikofaktor für die seelische Gesundheit eines Kindes darstellt (Cipriano u. Cipriano, 2019).

Stressoren auf Familienebene Einfluss auf die verlustorientierte Verarbeitung des Kindes nehmen können.

Insbesondere plötzliche Verluste (z. B. Suizid, Verkehrsunfälle oder plötzliche »natürliche« Tode) gehen oftmals mit Depressionen, Ängsten, posttraumatischen Belastungsstörungen sowie eigenen Suizidgedanken bei den Erwachsenen einher. Dies sind zusätzliche Belastungen für Kinder, da sie in dieser Zeit die nötige und wertvolle Aufmerksamkeit ihres hinterbliebenen Elternteils reduzieren.

Studien zeigen ebenfalls, dass es einen Unterschied macht, ob eine Mutter oder ein Vater stirbt. Brent, Donohoe, Melhem und Walker (2009) haben herausgefunden, dass der Verlust einer Mutter zu mehr Problemen führt als der Verlust eines Vaters. So weist auch Worden (1996) darauf hin, dass beim Verlust der Mutter die Töchter oft am schwersten von den alltäglichen Veränderungen betroffen sind, denn häufig übernehmen sie die Verantwortung für Haushaltsaufgaben ebenso wie für die Betreuung ihrer Geschwister.

Auch unter einer geschlechtsspezifischen Perspektive lässt sich beobachten, dass die Trauer von Mädchen mit einer erhöhten Verwundbarkeit einhergehen kann. So fanden Riches und Dawson (2000) in einer qualitativen Studie heraus, dass die frühe Wiederverheiratung von Witwern die Verlustbewältigung der Töchter erschweren kann. Töchter empfinden dies als Verrat und beklagen die verminderte Möglichkeit, die Erinnerung an die Mutter in der neuen Familienkonstellation lebendig zu halten. Die Verlustverarbeitung der Töchter kann insofern verlängert und auf einer sowohl verlust- als auch wiederherstellungsorientierten Ebene (individuell und familiär) belastet werden.

Brent et al. (2009) geben weiter zu verstehen, dass gewaltsame Tode zu größeren Beeinträchtigungen in der Verlustverarbeitung führen als nicht gewaltsame Todesursachen. Ebenso lässt sich beobachten, dass Kinder stärker mit sich zu kämpfen haben, wenn sie das körperliche Leiden ihres Elternteils im Sterbeprozess miterlebten (Saldinger, Cain u. Porterfield, 2003). Und nicht zuletzt erleben Kinder, die selbst lebensbedrohlich erkrankt sind, stärkere Trauerreaktionen auf den Tod eines Elternteils als andere Kinder (Brown et al., 2008).

Schutzfaktoren

Was auf der einen Seite ein Risiko für eine gesunde Entwicklung der Kinder darstellt, kann in umgekehrter Weise als schützend gelten. Deshalb stellt eine sichere ökonomische Familiensituation zweifelsohne einen Schutzfaktor dar. Denn diese trägt zum Erhalt des sozialen Umfeldes (z. B. Peers) sowie regelmäßiger Tagesabläufe bei und minimiert die Notwendigkeit des Wechsels von Betreuungs- und Bezugspersonen.

Schutzfaktoren sind im Weiteren gegeben, wenn sich das Familiensystem als stabil und (unter-)stützend erweist. Studien über elterliche Kapazitäten, Zuneigung und Wärme (Lin, Sandler, Ayers, Wolchik u. Luecken, 2004) geben Grund zur Annahme, dass das emotionale Klima unmittelbar nach dem Verlust für ein nachhaltiges Funktionieren des Familienlebens von Relevanz ist. Insbesondere jüngere Kinder seien sehr auf adäquate Informationen ihrer Eltern angewiesen. Adäquat bedeute in dieser Hinsicht, dass die Antworten einerseits ehrlich sind, indem keine (Lügen-)Geschichten, sondern Fakten vermittelt, und andererseits, dass genau diese Fakten kindgerecht kommuniziert werden (Goldman, 2009; Dyregrov, 2008). Eine aufgeschlossene, offene und ehrliche Kommunikation in der Familie sowie das Zeigen von Gefühlen sind wichtige Schutzfaktoren, damit Kinder sich gesund entwickeln und mit Hoffnung und Zutrauen in die Zukunft blicken können.

Situationen, in denen Kinder nicht frei und unbeschwert mit dem hinterbliebenen Elternteil oder einer anderen Bezugsperson über ihre Herausforderungen und Sorgen sprechen können, verursachen nicht nur Missverständnisse und Fragen, sondern auch sorgenvolle und bedrückende Momente (Tremblay u. Israel, 1998). Denn Kinder neigen vermehrt zu Fehlinterpretationen, da ihnen die Erfahrung und der direkte Zugang zu den notwendigen Informationen darüber fehlen, was passiert ist.

Tabelle 2: Eigene Tabelle u. a. in Anlehnung an die Risiko- und Schutzfaktoren, ermittelt durch Dyregrov und Dyregrov, 2013

Risikofaktoren	Schutzfaktoren
• Unsichere ökonomische Situation der Familie: notwendige Umzüge, Kontaktverlust des Freundeskreises, Schulwechsel etc. • Verlust an elterlicher Zeit/Kapazität • Verlust an Aufmerksamkeit, Geduld und Emotionalität • Starke Trauerreaktionen des hinterbliebenen Elternteils • Plötzliche und unerwartete Verluste (z. B. Suizid) • Verlust der Mutter (für Töchter) • Weibliche Trauer • Frühe Wiederheirat des väterlichen Elternteils • Gewaltsamer Tod eines Elternteils • Erfahrungen von körperlichem Leiden des sterbenden Elternteils • Eigene lebensbedrohliche Erkrankungen während des Verlustes	• Sichere ökonomische Familiensituation: Nutzung bestehender Kontakte zum Freundeskreis etc. • Stabiles und unterstützendes Familiennetzwerk • Elterliche Kapazität, Zuneigung, Wärme und Empathie: Kindliche Erfahrung von Schutz • Bereitschaft der Weitergabe von Fakten an die Kinder • Aufgeschlossenheit/offene und ehrliche Kommunikation in der Familie • Anerkennung und ausreichende Rücksichtnahme der kindlichen Trauer und ihrer Gefühle • Freie Kommunikation vonseiten der Kinder

Zusammengefasst lässt sich sagen, dass Risiko- und Schutzfaktoren sich immer »im Fluss« befinden; welcher konkrete Faktor dem Kind auf besondere und ursächliche Weise zusetzt oder nicht, kann daher nicht hundertprozentig formuliert werden.

Denn Schutz- und Risikofaktoren spielen auf recht intensive Weise zusammen. Und schließlich kann immer wieder beobachtet werden, dass sich aus einem Risiko- beziehungsweise Schutzfaktor weitere entwickeln können. Außerdem beeinflusst nicht jeder Faktor alle Kinder in gleicher Weise.

5.3 Den Eltern helfen, sich angemessen um sich selbst zu kümmern

So herausfordernd die geschilderten Risikofaktoren auch sein mögen, sie sensibilisieren dafür, trauernden Kindern dabei zu helfen, ihre eigenen Ressourcen und Problemlösungsfähigkeiten für sich zu entdecken. Da hinterbliebene Elternteile wie auch die anderen erwachsenen Bezugspersonen die beste Hilfe für Kinder in Verlustsituationen darstellen (Bugge, Darbyshire, Grelland Røkholt, Sulheim Haugstvedt u. Helseth, 2014), ist es vor allem für die Erwachsenen wichtig, dass sie sich ihrer Ressourcen bewusst werden und sie gezielt nutzen. Denn die Familiendynamik kann in Zeiten eines Verlustes durch unterschiedliche Herausforderungen äußerst spannungsreich sein. Streitigkeiten, Momente vermeintlich nicht sagbarer Dinge, Unklares, grundlegende Belastungen und ungewohnte Gefühle etc. führen dazu, dass beispielsweise hinterbliebene Elternteile in ihrem erzieherischen Handeln verunsichert sind und sich unter Umständen auch schuldig fühlen. Nicht zuletzt kann ein Verlust so schwer wiegen, dass emotionale und psychische Probleme bei den Eltern die Wirksamkeit ihrer Elternschaft verringern.

Aus diesem Grund ist es für Erwachsene sehr wichtig, »Self-care-Arbeit« zu leisten. Unter *self-care* verstehen wir in Anlehnung an Dyregrov (2008) eine Form der Selbstsorge, die für Eltern in Verlustzeiten bedeutet, sich darüber bewusst zu sein, dass der offene Umgang mit ihren eigenen Gefühlen und

Reaktionen sehr bedeutsam ist. Dazu gehört ebenso, sich (ohne die Kinder) Pausen von der Trauer zu nehmen wie auch sich einzugestehen, legitimerweise nicht über alle Dinge im Umgang mit trauernden Kindern Bescheid wissen zu können. Häufig gestehen sich Eltern ihr Erschöpftsein sowie ihre Unsicherheit und Zerbrechlichkeit in dieser Zeit nur ungern zu und argumentieren oftmals in der Logik: »Nun muss ich doch stark sein für mein Kind.«

Der Wunsch, für das Kind stark sein zu wollen, ist verständlich. Er sollte aber keineswegs bedeuten, die eigene Trauer nicht zuzulassen oder diesbezügliche Gefühle zu unterbinden. Ebenso heißt es auch nicht, sich für alles Geschehene, Gegenwärtige und Zukünftige verantwortlich fühlen zu müssen. Vielmehr bedeutet es, sich darüber bewusst zu werden, in welchen Momenten man als Erwachsener an seine Grenzen kommen kann und auch darf. Diese Grenzen anzuerkennen und zuzulassen, impliziert schließlich, Verantwortung für sich selbst und damit auch für das Kind zu übernehmen.

Selbstverständlich sollten Erwachsene dabei ausloten, wie intensiv dieses »An-die-Grenzen-Kommen« sein kann. Fachkräfte hingegen sollten stets hinterfragen: Reichen ressourcenerkennende und -fördernde Unterstützungen für die Erwachsenen aus oder sollte eine Therapie bei einem psychologischen Psychotherapeuten in Betracht gezogen werden?

Ein Teil der Vorschläge Dyregrovs (2008) zur Selbstsorge, die er allgemein für Erwachsene formuliert, die mit trauernden Kindern in Kontakt stehen (bspw. Fach- oder Lehrkräfte aus Kindertageseinrichtungen und Grundschulen), können unseres Erachtens in folgender Weise für Eltern auf zwei Ebenen bedeutsam sein. Die erste Ebene betrifft zunächst einmal recht zugängliche Dinge, die Eltern in ihrem nahen Umfeld finden und nutzen können, um sich (mehr) um sich selbst zu kümmern:

Auf sein soziales Netzwerk zurückgreifen und
dessen Ressourcen nutzen

- Sich um sich selbst zu kümmern, heißt, dass die Sorge um das trauernde Kind nicht allein getragen werden muss. Zuverlässige und vertrauensvolle Bezugspersonen können für Entlastung sorgen, damit die betroffenen Erwachsenen seelisch sowie körperlich wieder zu Kräften kommen können. Sich diese Kraft »zurückzuholen« ist von enormer Bedeutung. Denn kraftlos zu sein, geht damit einher, die Erziehungsaufgaben weniger »konstant, strukturiert und organisiert« wahrnehmen zu können (Cipriano u. Cipriano, 2019, S. 121). Brown et al. (2008) stellen in diesem Zusammenhang fest, dass hinterbliebene Elternteile weniger konsequent sind, was sich negativ auf die psychische Gesundheit der Kinder auswirken kann. Neben dem Begriff einer effektiven Elternschaft *(effective parenting)* hat sich für diesen Kontext auch der Begriff »Positive Elternschaft« *(positive parenting)* etabliert. Darunter verstehen Sandler, Wolchik, Ayers, Tein und Luecken (2013) sowohl elterliche Wärme als auch das Setzen von Grenzen (bzw. die »Sanktionierung« bei Nichteinhaltung der vereinbarten Grenzen) sowie das Einhalten von Zusagen. Denn ebenso wie klare Regeln und Grenzen gibt auch Verlässlichkeit Kindern Halt und Sicherheit in einer unsicheren Zeit. Positive Parenting kann als Schutzfaktor für Kinder angesehen werden, die ein Elternteil verloren haben (Haine, Wolchik, Sandler, Millsap u. Ayers, 2006).
- Selbstsorge heißt auch, nicht immer alles unter Kontrolle haben zu müssen. So ist es legitim, neue Routinen zuzulassen, auf die sich ein Kind freut (z. B. einen Tag mit der Oma zu verbringen) (Dyregrov, 2008). Elterliche Selbstsorge bedeutet insofern immer auch eine legitime zeitweilige Abgabe erzieherischer Aufgaben in andere verlässliche Hände.
- Selbstsorge kann ebenso bedeuten, sich einen passenden Gesprächspartner zu suchen, der einem zuhört. Dies kann

beinhalten, mit Kollegen über die erfahrenen Belastungen zu sprechen (Dyregrov, 2008). Viele Eltern berichten, wie schwierig sie es finden, in dieser schweren Zeit auch noch zur Arbeit zu gehen. Selbstsorge zu betreiben, heißt insofern, auch in beruflichen Kontexten jene Herausforderungen aus- und anzusprechen, die belastend sind. Vorgesetzte und Kollegen können dabei hilfreich sein, wenn sie informiert werden und dementsprechend sensibilisiert auf die aktuelle Situation einschließlich der Gefühlslage des betroffenen Elternteils reagieren.

- Selbstsorge schließt immer auch mit ein, sich nicht zu viel auf einmal vorzunehmen. Es ist ein Irrtum zu glauben, alles könne nach einem Verlust und schon nach kurzer Zeit in ähnlicher Weise weitergehen wie zuvor. Personen um sich zu haben, die lebenspraktische Aufgaben (z. B. Essen kochen) für eine Weile übernehmen, kann akute und belastende Momente auffangen und abmildern. Ebenso bieten sie Rückhalt und eine gleichzeitige Sicherheit, dass Tätigkeiten auch weiterlaufen können.

Trauerspezifische Angebote für Kinder und Eltern in Anspruch nehmen

- Auch trauerspezifische Angebote können den betroffenen Erwachsenen Sicherheit und emotionalen Rückhalt bieten. Denn hier könnten sie mit Gleichbetroffenen Fragen, Probleme und Wünsche austauschen. Laut Cipriano und Cipriano (2019) hat die psychische und physische Verfassung eines hinterbliebenen Elternteils einen signifikanten Einfluss auf das Wohlbefinden und den Gesundheitsstatus des Kindes. Aus diesem Grund scheint es von besonderer Relevanz, dass sich Eltern gut um sich selbst kümmern. Wichtig ist, dass die trauerspezifischen Angebote konzeptionell an den Erkenntnissen der internationalen Trauerforschung ausge-

richtet sind, um keine negativen Effekte für die Erwachsenen zu erzeugen (Schut, Stroebe, van den Bout u. Terheegen, 2007). Zudem wäre zu überlegen, ob die Angebote, die sich speziell an Kinder richten, nicht zu familienzentrierten Angeboten ausgebaut werden könnten. Denn Gruppen, die exklusiv auf die Sorgen und Nöte von hinterbliebenen Elternteilen beziehungsweise anderen erwachsenen Bezugspersonen fokussieren, sind in Deutschland kaum existent. Ansätze könnte zum Beispiel das Family Bereavement Program (FBP) bieten (Sandler, Tein, Cham, Wolchik u. Ayers, 2016; Sandler et al. 2013; Sandler, Wolchik, Ayers, Tein, Coxe u. Chow, 2008; Ayers et al., 2014).
- Gleiches gilt für die inhaltliche Ausgestaltung der Angebote für Kinder. Auch bezüglich dieser Angebote lassen sich keine eindeutigen Aussagen hinsichtlich der positiven Effekte feststellen (Bergman et al., 2017). Aus diesem Grund ist es sinnvoll, die Konzepte an bisher empirisch überprüften Angeboten beziehungsweise durch Forschung abgesicherte Grundlagen auszurichten. Nichtsdestotrotz können kinderspezifische Angebote für Erwachsene entlastend wirken, denn dabei können Themen zur Sprache kommen, deren Beantwortung sie sich unter Umständen nicht zutrauen. Erwachsene können ihren Kindern das Trauern nicht abnehmen, sie jedoch darin unterstützen, ihren eigenen Umgang damit zu finden (Dyregrov, 2008). Genau dies kann Kindern in Form von Trauergruppen unter Peers ermöglicht werden. So wird dort ihre Selbstwahrnehmung gestärkt und sie finden zahlreiche Möglichkeiten, ihre Trauer auszudrücken und zu verarbeiten. Zudem kann ihnen in der Gruppe das Gefühl genommen werden, als einziges Kind von einem Verlust betroffen zu sein.

Zusammenfassung – Der nützliche Blick auf das »System« und was dieser für Eltern bedeuten kann

Alle mit dem Verlust verbundenen und hier skizzierten Situationen, Herausforderungen und Fragen ereignen sich im und durch das Familiensystem. Reaktionen, Gefühle sowie Verhaltensweisen lassen sich daher nicht ausschließlich als einzelne, das heißt losgelöste individuelle, Interaktionen verstehen, sondern als Teil und implizites Ergebnis eines Familiensystems betrachten (Rosenblatt, 2002). Die Trauer der betroffenen Kinder, aber auch die der Eltern wird demnach – so zeigte es sich bereits im Abschnitt zum erweiterten Dualen Prozessmodell (S. 105 ff.) – vom sozialen Miteinander im System Familie beeinflusst. Damit hat die von der Wissenschaftlerin Kathleen Gilbert schon 1996 gestellte Frage »We've the same loss, why don't we have the same grief?« auch heute nicht an Aktualität verloren.

Darüber hinaus können auch Probleme im Umgang mit den verlust- und wiederherstellungsorientierten Stressoren nicht nur auf intrapsychische Prozesse der Trauernden zurückgeführt werden. Denn sie können ebenso mit den weiteren sozialen Systemen zusammenhängen, in die Kinder (z. B. Fußballverein) und Erwachsene (z. B. berufliches Umfeld) eingebunden sind. Aus genau diesem Grund ist es hilfreich, Trauerprozesse immer auch an den Orten verstehen zu lernen, an die Betroffene im Alltag angebunden sind und an denen sie unter Umständen auf Herausforderungen treffen.

5.4 Exkurs: Wann trauert ein Kind »kompliziert«?

Es existiert eine Reihe an Risikofaktoren, die sich auf das physische und psychische Wohlbefinden der Kinder auswirken können. Und selbst ungünstige Kommunikationsweisen sowie nicht ausreichende Konfliktregelungsfertigkeiten erweisen sich als belastend für die kindliche Verlustverarbeitung. Allerdings muss zugleich davor gewarnt werden, derartige Sorgen allzu vorschnell in Richtung klinische Auffälligkeit beziehungsweise Komplizierte Trauer[43] zu führen. Denn bis heute liegt keine klare und trennscharfe Definition vor, was Komplizierte Trauer von normaler Trauer eigentlich unterscheidet. Eine solche Unterscheidung bei Kindern vorzunehmen, ist nach Gunnar und Quevedo (2007) sogar noch schwieriger als bei Erwachsenen, weil Kinder wichtige Gehirnbereiche, die an Emotionen und Kognition beteiligt sind, erst entwickeln. Zudem sind sie auch noch dabei, viele neue Lebenserfahrungen zu sammeln. Da die Entwicklung dieser Hirnregionen die Grundlage für die Regulierung von Emotionen und das Verständnis des Verlusts und seiner langfristigen Folgen bildet, macht es eine Unterscheidung umso schwieriger (Dyregrov u. Dyregrov, 2013).

Wenn im Zusammenhang mit Trauer über Risikofaktoren, diagnostische Kriterien oder Behandlungsansätze gesprochen wird, beziehen sich diese entsprechend in aller Regel auf Erwachsene. Doch vieles von dem, was bei Erwachsenen beobachtet werden kann, ist auf die Situation von Kindern kaum übertragbar. Komplizierte Trauerverläufe bei Kindern sind ein Spezialthema, das noch weiterer Erforschung bedarf. Aus diesem Grund sind auch die Kriterien der Diagnose Prolonged Grief Disorder nach ICD-11 nicht auf sie übertragbar. Dem Wortlaut der Forschungsdiagnose »Störung durch anhaltende komplexe Trauerreaktion« im DSM-5 zufolge schließt die Forschungsdiagnose Kinder mit ein (Falkai u. Wittchen, 2018). Doch diese ist explizit nicht zur klinischen Anwendung gedacht.[44]

---

43 Mehr zum Thema Komplizierte Trauer (Erwachsene) in Kapitel 4.
44 Mehr zu den (Forschungs-)Diagnosen im Kapitel 4.

5.5 Was können Fachkräfte Eltern für den Umgang mit trauernden Kindern mitgeben?[45]

- Es ist bedeutsam, eine offene und ehrliche Kommunikation mit trauernden Kindern zu praktizieren. Dabei sollten ihnen altersgemäße, authentische Erklärungen angeboten und verwirrende Aussagen (z. B. Der Opa »schläft«, Papa befindet sich auf einer »Reise«) vermieden werden.
- Es ist bedeutsam, Kindern Zeit zu geben, um den Verlust kognitiv verarbeiten zu können. Deshalb ist es hilfreich, ihnen zu jeder Zeit Fragen und Gespräche zu erlauben.
- Es ist bedeutsam, Gespräche oder Antworten von Kindern zu tolerieren, die in den Augen der Erwachsenen oftmals als »zu kurz« und »abrupt« erscheinen.
- Es ist bedeutsam, den Verlust für Kinder erfahrbar und »real« zu machen. Dazu gehört auch, dass Erwachsene ihre eigenen Gefühle nicht verbergen. Für Kinder ist es an dieser Stelle hilfreich, wenn Erwachsene ihnen erklären, warum sie traurig sind und dass sie jetzt im Moment traurig sind, sich dieser Zustand aber gleich schon wieder ändern kann. Dann erscheinen die erwachsenen Reaktionen weniger bedrohlich.
- Es ist bedeutsam, Kinder an Ritualen partizipieren zu lassen. Dazu kann zum Beispiel der Besuch des Grabes zählen, aber auch, den toten Körper des Verstorbenen (nochmals) zu sehen oder an Beerdigungen teilzunehmen. Wichtig ist, die Kinder vorher zu fragen, ob sie auch teilnehmen möchten. Entscheiden sie sich dafür, ist es nötig, sie darauf vorzubereiten und sie dabei zu unterstützen. Sehen sich Erwachsene aufgrund der eigenen Trauer dazu nicht in der Lage,

---

45 Als Grundlage für die Ideen dienten die Ausführungen von Dyregrov, 2008.

kann die Aufgabe auch einer anderen Bezugsperson übertragen werden.
- Es ist bedeutsam, Kindern mit Hoffnung und Zuversicht zu begegnen, zum Beispiel indem ihnen die Teilnahme an vertrauten Routinen (z. B. zur Schule gehen, Freunde treffen) ermöglicht wird.
- Es ist bedeutsam, Kinder ausreichend Anregungen zu bieten, damit sie ihren Gedanken (z. B. Schuld) und Gefühlen (z. B. Angst) im Kontext von Verlusten Ausdruck verleihen können.

5.6 Auf einen Blick

- Kinder und Eltern trauern niemals isoliert. Ihr Trauererleben und -empfinden im System Familie geschieht somit immer in einer Art sozialen Koproduktion.
- Trauern ist, wie es auch Tony Walter (1993) unter Verweis auf Stroebe formuliert, viel komplexer als jedes Trauermodell es erklären könnte. Insbesondere kindliches Trauern sollte in dieser Komplexität anerkannt werden.
- Trauernde Eltern/-teile (Bezugspersonen) müssen gestärkt werden.
- Trauernde Eltern/-teile (Bezugspersonen) brauchen auch Auszeiten.
- Trauernde Eltern/-teile müssen die Sorge um ein trauerndes Kind nicht allein tragen.
- Es gibt vieles, das Eltern/-teile für sich und somit für ihr Kind tun können.
- Komplizierte Trauer bei Kindern ist ein weitgehend unerforschtes Thema. Deshalb sollten keine voreiligen Rückschlüsse gezogen werden.
- Stabile Eltern/-teile sind die größte Stütze für Kinder.

5.7 Literatur

Ayers, T. S., Wolchik, S. A., Sandler, I. N., Twohey, J. L., Weyer, J. L., Padgett-Jones, S., Weiss, L. Cole, E., Kriege, G. (2014). The Family Bereavement Program: Description of a theory-based prevention program for parentally-bereaved children and adolescents. OMEGA – Journal of Death and Dying, 68 (4), 293–314.

Bergman, A.-S., Axberg, U., Hanson, E. (2017). When a parent dies – A systematic review of the effects of support programs for parentally bereaved children and their caregivers. BMC Palliative Care, 16 (39), 1–15.

Brent, D., Melhem, N., Donohoe, M. B., Walker, M. (2009). The incidence and course of depression in bereaved youth 21 months after the loss of a parent to suicide, accident, or sudden natural death. American Journal of Psychiatry, 166 (7), 786–94.

Brown, E. J., Amaya-Jackson, L., Cohen, J., Handel, S., de Bocanegra, H. T. et al. (2008). Childhood traumatic grief: a multi-site empirical examination of the construct and its correlates. Death Studies, 32 (10), 899–923.

Bugge, K. E., Darbyshire, P., Grelland Røkholt, E., Sulheim Haugstvedt, K. T., Helseth, S. (2014). Young children's grief: parents' understanding and coping. Death Studies, 38 (1), 36–43.

Cipriano, D. C., Cipriano, M. R. (2019). Factors Underlying the Relationship Between Parent and Child Grief. OMEGA – Journal of Death and Dying, 80 (1), 120–136.

Dyregrov, A. (2008). Grief in children. A handbook for adults (2nd ed.). London/Philadelphia: Jessica Kingsley Publishers.

Dyregrov, A., Dyregrov, K. (2013). Complicated grief in children. In M. Stroebe, H. Schut, J. van den Bout (Eds.), Complicated grief. Scientific foundations for health care professionals. New York: Routledge.

Falkai, P., Wittchen, H.-U. für die American Psychiatric Association (2018). Diagnostisches und Statistisches Manual Psychischer Störungen DSM-5® (2. Aufl.). Göttingen: Hogrefe.

Freud, S. (1917). Trauer und Melancholie. Internationale Zeitschrift für Ärztliche Psychoanalyse, 4, 288–301.

Gilbert, K. (1996). We've had the same loss, why don't we have the same grief? Loss and differential grief in families. Death Studies, 20 (3), 269–283.

Goldman, L. (2009). Great answers to difficult questions about death. What children need to know. London/Philadelphia: Jessica Kingsley Publishers.

Gunnar, M., Quevedo, K. (2007). The neurobiology of stress and development. Annual Review of Psychology, 58, 145–173.

Haine, R. A., Wolchik, S. A., Sandler, I. N., Millsap, R. E., Ayers, T. S. (2006). Positive parenting as a protective resource for parentally bereaved children. Death Studies, 30 (1), 1–28.

Husebø, S. (2005). Liebe und Trauer. Was wir von Kindern lernen können. Freiburg: Lambertus.
Kim, Y., Huang, J., Sherraden, M., Clancy, M. (2017). Child development accounts, parental savings, and parental educational expectations: A path model. Children and Youth Services Review, 79, 20–28.
Kissane, D. W., Zaider, T. I., Li, Y. Del Gaudio, F. (2013). Family therapy for complicated grief. In M. Stroebe, H. Schut, J. van den Bout (Eds.), Complicated grief. Scientific foundations for health care professionals. New York: Routledge.
Lin, K. K., Sandler, I. N., Ayers, T. S., Wolchik, S. A., Luecken, L. L. (2004). Resilience in parentally bereaved children and adolescents seeking preventive services. Journal of Clinical Child and Adolescent Psychology, 33 (4), 673–683.
Lytje, M., Dyregrov, A. (2019). The price of loss – a literature review of the psychosocial and health consequences of childhood bereavement. Bereavement Care, 38 (1), 13–23.
Müller, H., Willmann, H. (2016). Trauer: Forschung und Praxis verbinden. Zusammenhänge verstehen und nutzen. Göttingen: Vandenhoeck & Ruprecht.
Riches, G., Dawson, P. (2000). Daughters' dilemmas: grief resolution in girls whose widowed fathers remarry early. Journal of Family Therapy, 22, 360–374.
Richter-Kornweitz, A. (2011). Gleichheit und Differenz – die Relation zwischen Resilienz, Geschlecht und Gesundheit. In M. Zander (Hrsg.), Handbuch Resilienzförderung. Wiesbaden: Springer Fachmedien.
Rosenblatt, P. C. (2002). Grief in families. Mortality, 7 (2), 125–126.
Saldinger, A., Cain, A., Porterfield, K. (2003). Managing traumatic stress in children anticipating parental death. Psychiatry, 66 (2), 168–181.
Sandler, I., Tein, J.-Y., Cham, H., Wolchik, S., Ayers, T. (2016). Long-term effects of the Family Bereavement Program on spousally-bereaved parents: Grief, mental health, alcohol problems and coping efficacy. Development and Psychopathology, 28, 801–818.
Sandler, I. N., Wolchik, S. A., Ayers, T. S., Tein, J.-Y., Coxe, S., Chow, W. (2008). Linking theory and intervention to promote resilience in parentally bereaved children. In M. Stroebe, R. O. Hansson, H. Schut, W. Stroebe (Eds.), Handbook of bereavement research and practice: Advances in theory and intervention. Washington D. C.: American Psychological Association.
Sandler, I. N., Wolchik, S. A., Ayers, T. S., Tein, J.-Y., Luecken, L. (2013). Family Bereavement Program (FBP) approach to promoting resilience following the death of a parent. Family Science, 4 (1), 1–14.
Schut, H., Stroebe, M. S., van den Bout, J., Terheegen, M. (2007). The efficacy of bereavement interventions: determining who benefits. In M. Stroebe,

R. O. Hansson, W. Stroebe, H. Schut (Eds.), Handbook of bereavement research: consequences, coping, and care. Washington D. C.: American Psychological Association.

Silverman, P. R., Worden, J. W. (1992). Children's reactions in the early months after the death of a parent. American Journal of Orthopsychiatry, 62 (1), 93–104.

Stokes, J. (2007). Resilience and bereaved children: helping a child to develop a resilient mind-set following the death of a parent. In B. Monroe, D. Oliviere (Eds.), Resilience in palliative care. Achievement in Adversity. Oxford/New York: Oxford University Press.

Stroebe, M., Schut, H. (1999). The Dual Process Model of coping with bereavement. Rationale and description. Death Studies, 23 (3), 197–224.

Stroebe, M., Schut, H. (2010). The Dual Process Model of coping with bereavement. A decade on. OMEGA – Journal of Death and Dying, 61 (4), 273–289.

Stroebe, M., Schut, H. (2015). Family matters in bereavement: Toward an integrative intra-interpersonal coping model. Perspectives on Psychological Science, 10 (6), 873–879.

Tremblay, G. C., Israel, A. C. (1998). Children‹s adjustment to parental death. Clinical psychology. Science and Practice, 5 (4), 424–438.

Wagner, B. (2013). Komplizierte Trauer. Grundlagen, Diagnostik, Therapie. Berlin: Heidelberg: Springer-Verlag.

Walter, T. (1993). Letting go and keeping hold: A reply to Stroebe. Mortality, 2 (3), 263–266.

Werner-Lin, A., Biank, N. M. (2012). Holding parents so they can hold their children: grief work with surviving spouses to support parentally bereaved children. In OMEGA – Journal of Death and Dying, 66 (1), 1–16.

Wigginton, Suzanne (2016). Two homes that used to be one: What has grief got to do with it? Dissertation, School of Nursing, Midwifery and Social Work, The University of Queensland, Australia.

Worden, J. William (1996). Children and grief. When a parent dies. New York: Guilford Press.

Danksagungen

Es gibt so viele Menschen, die mich immer wieder dabei unterstützen, wenn ich größere Schreibprojekte auf dem Tisch habe. Angefangen bei meinem Partner, der wieder und wieder trauerspezifische Themen mit mir diskutieren darf, obwohl er es gar nicht immer möchte. Meiner Familie, die mich wieder aufpäppelt, wenn die Arbeitstage extrem lang wurden. Meinen Freunden, die es schaffen, mich trotz meiner Schreibwut aus dem Haus zu locken. Meinen Kollegen, die immer wieder fleißig Korrektur lesen. Ich hoffe, all diese Personen wissen, wie dankbar ich ihnen bin, nicht zuletzt deshalb, weil ich es ihnen direkt gesagt habe.

Aus diesem Grund möchte ich an dieser Stelle die Möglichkeit nutzen, um einer besonderen Gruppe meinen Dank auszusprechen. Meinen Klienten. Oft sitze ich vor dem Computer, denke über Zahlenkolonnen nach, ringe um Wörter, erstelle Zusammenhänge. Dann klingelt der Wecker. Es ist Zeit für die Trauergruppen. Zum Trauerzentrum zu radeln, kostet mich manchmal Überwindung. Vor allem im Winter, wenn es dunkel, kalt und regnerisch ist. Bin ich einmal da, freue ich mich über jeden der Teilnehmenden, dem ich begegnen darf. Diese Begegnungen sind für mich bis heute keine Selbstverständlichkeit. Gerade die ersten Treffen erfordern bei vielen Betroffenen Mut und kosten sie Überwindung. Ich freue mich immer, wenn ich merke, dass sie langsam Vertrauen zu mir, zu den anderen Teilnehmern und nicht zuletzt zu sich selbst fassen. Bedanken möchte ich mich bei ihnen für ihre wertvollen Beiträge, ihre Offenheit, ihre Ideen und Wünsche zu all den wichtigen Themen, die wir miteinander besprechen. Ohne ihre Beiträge wären alle Artikel und Bücher seltsam leer und unanschaulich. Ich konnte über die Jahre so viel von ihnen lernen. Es ist an der Zeit, ihnen allen dafür zu danken!

Danke
Ihre Heidi Müller

Ich danke vor allem Heidi Müller, die für dieses Buchprojekt den Löwenanteil an Arbeit übernommen hat. Es ist immer wieder eine besondere Freude, mit dir gemeinsam Projekte zu einem fruchtbaren Ergebnis reifen zu lassen.

Danke
Hildegard Willmann